대치동 독토쌤은
독서토론논술을
어떻게
가르치는가?

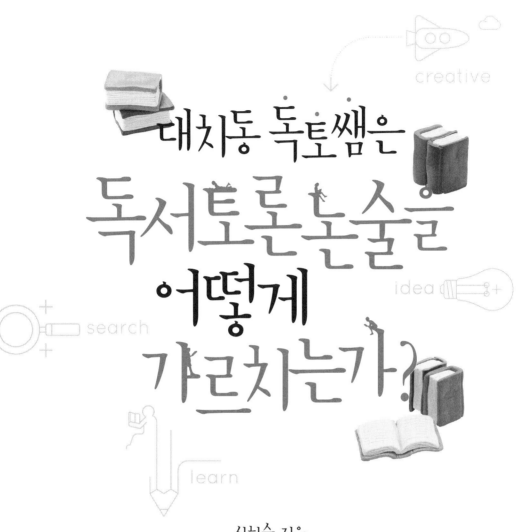

대치동 독토쌤은
독서토론논술을
어떻게
가르치는가?

신현숙 지음

갈대상자

저자 서문

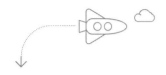

인생에 힘이 되는 독서·토론·논술

책을 잘 읽는 아이가 학교생활도 잘한다. 인생에서 성공할 가능성도 높다. 손에서 책을 놓지 않는 아이가 생각도 깊고 어려운 공부도 더 잘해내는 경우를 자주 본다. 또한 모국어를 잘하는 아이가 외국어도 더 잘 배운다. 이처럼 중요한 책 읽기를 가르치기 위해 학교와 가정에서 많은 노력을 기울인다. 학교에서 사용하는 국어 교과서만 살펴보아도 금세 확인할 수 있다. 요즘의 국어 교과서는 '언어 교과서'에 가깝다. 읽기 방법Learning to read을 가르치기 위해 매우 체계적으로 구성되어 있다. 쓰여진 자료를 해석하고 암기하게 하기보다 언어 자체를 다루는 능력을 키우는 데 중점을 둔다. 그래서 외국에서는 언어 교과서를 '언어 기술Language Arts'이라고 한다.

언어 능력을 키우려면 언어 자체를 최대한 많이 경험해야 한다. 이때 가장 손쉽고 효과적인 방법이 바로 책 읽기와 생각 교환하기, 즉 독서토론이다. 학교뿐만 아니라 많은 가정에서 아이들의 책 읽기에

공을 들이는 것도 그래서다. 그러나 그런 노력에도 불구하고 쏟아 붓는 노력의 양에 비해 성과는 매우 저조하기만 하다. 책을 즐겨 읽는 아이보다 읽지 않는 아이가 더 많다. 이런 비효율이 발생하는 원인에는 여러 가지가 있다. 타고난 지적호기심의 크기 차이도 있고, 독서하기에 적당하지 않은 가정환경도 한몫했을 수 있다. 공부를 따라가기가 벅차서 책 읽을 시간을 전혀 내지 못하는 경우도 있다. 읽기 방법을 가르치기 위해서는 다양한 읽기 자료가 동원되는데, 그런 읽기 자료들조차 읽기 교육의 '수단'이라는 본질을 잊고 그것 자체를 '목적'으로 삼아 반복 학습하고 외우게 하는 것도 하나의 원인이다.

가장 큰 문제는 책 읽는 방법을 제대로 가르쳐주지 않고 권장도서를 들이대거나 무조건 읽으면 저절로 될 거라는 안이한 인식이다. 헨리 데이비드 소로가 지은 유명한 고전 《월든》에 이런 구절이 있다. "참다운 책을 참다운 정신으로 읽는 것은 고귀한 행위이지만 독자에게는 힘이 드는 '운동'이다. 운동선수들이 받는 것과 같은 훈련과 거의 평생에 걸쳐 꾸준한 자세로 독서하려는 마음가짐이 필요하다." 훈련이 필요하다는 말은 곧 책 읽는 방법도 배워야 한다는 뜻이다. 읽기 방법을 배우면 더 좋은 독자가 될 수 있다. 과정이 비록 조금 힘들더라도 책 읽는 방법을 아는 좋은 독자가 된다면 그 후에 얻어질 보상은 그 무엇보다도 값질 것이다.

이 책은 토론에 가장 중점을 두었으나 그 바탕이 되는 독서를 먼저 설명하고, 이어서 토론과 글쓰기를 다루었다. 그러나 꼭 순서대로 읽을 필요는 없고 좀 더 관심이 가는 분야를 먼저 읽어도 상관없다. 제1부는 독서지도 방법이다. 책을 읽지 않고 독서토론에 참여할 수는 없다. 책을 얼마나 잘 읽었는지 확인하는 데도 토론은 효과적이다. 아이들이 책을 읽고 과연 제대로 이해했는지, 또 어떤 느낌을 받았는지가 '말'을 통해 고스란히 드러나기 때문이다. 그러한 토론의 전제가 되는 독서를 잘하기 위해서는 비판적인 태도가 필요하다. 그런 독서를 할 수 있도록 돕기 위해 13가지 지도 항목티칭 포인트을 제시했다. 책을 읽기 전에 준비해야 할 일과 읽는 도중 사용해야 할 전략, 그리고 읽고 난 뒤 내용을 잘 정리하기 위해 무엇을 해야 할지 명확히 알게 될 것이다.

제2부는 토론 지도 방법이다. 토론 안건을 정하는 단계에서부터 규칙과 예의를 잘 갖춘 토론으로 이끌어가기 위해 필요한 지도 항목 13가지를 정했다. 그리고 토론을 잘하기 위해 필요한 구체적인 내용 Matter과 그 내용을 조직하는 방법Method과 태도Manner를 가르치는 방법을 자세히 설명했다. 토론 형식은 생각보다 단순하다. 따라서 먼저 가르친 후 그 형식 안에 좋은 내용을 담는 연습을 계속하면 아이들을 좋은 토론자로 기를 수 있다. 특히 본문에서 언급한 책의 토론 안건들은 부록에서 확인할 수 있다.

제3부는 논증적인 글쓰기를 다룬다. 독서를 통해 넓어진 배경지식과 토론을 통해 단단해진 자신만의 생각을 한 편의 글에 제대로 담아내려면 어떻게 해야 하는지 알려준다. 일관성 있는 좋은 글을 쓰도록 돕기 위한 13가지 지도 항목과 구체적 지도 방법을 안내받을 수 있다. 실제 사례가 많고 아이들 글 실력이 어떤 단계를 거쳐 발전하는지 눈으로 확인할 수 있어서 지도할 때 도움이 될 것이다.

부록에서는 토론하기에 적당한 책 40권과 실제 토론 안건들을 제시했다. 비교적 아이들이 쉽게 읽을 수 있는 책으로 독서토론을 해볼 수 있을 것이다. 두 번째 부록인 독서토론논술 활동지Work Sheets는 필요할 때 적절히 사용하면 편리할 것이다.

이 책이 나오기까지 감사 드려야 할 분들이 많다. 우선 토론의 세계를 열어주신 포스텍 명예교수 김병원 박사님은 평생 스승이시다. 매주 한 권씩 성실하게 책을 읽고 많은 시간 토론하며 일주일에 글 한 편 쓰기라는 어려운 과제를 성실히 해낸 제자들의 열정과 노력에도 감사를 표하고 싶다. 초등학교 교사였던 아버지는 방학이 되면 자전거 뒤에 책을 한 아름 싣고 와서 던져주곤 하셨다. 내가 평생 책 읽기를 즐기고, 이와 관련된 일을 하면서 밥벌이를 하고 사는 건 다 그때 아버지의 정성 덕분이다. 그리고 내 가족들, 그중에서도 두 아들에게 특별히 고맙게 생각한다. 다른 부모들과 다르게, 책만 읽히면 다른 건 다 된다는 내 방식을 고집하며 키웠다. 그 결과 두 아이 모두 자신이 평생 하고 싶은 일을 찾아 지혜롭게 해나가고 있다. 내 아이들이 독서 육아의 효과를 증명하는, 무엇보다 분명한 증거다. 몇 년 전부터 '셰익스피어 토론학교' 프로그램을 함께 개발하고 펼칠 장을 마련하는 일에 큰 관심을 갖고 열정을 기울여주신 갈대상자 박철준 사장님께도 무한한 감사를 드린다. 그리고 책을 만드는 과정에서 많은 도움을 주신 이재두 실장님과 갈대상자의 다른 가족들께도 깊은 감사를 전하고 싶다.

이 책이 누군가를 좋은 독자Good Reader로 안내하는 데 작게나마 도움이 될 수 있다면 더할 나위 없이 기쁠 것 같다.

CONTENTS

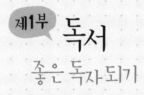

제2부 토론
소통하며 생각 다지기

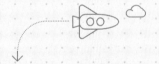

제3부 논술
주관을 분명히 드러내기

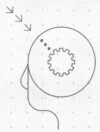

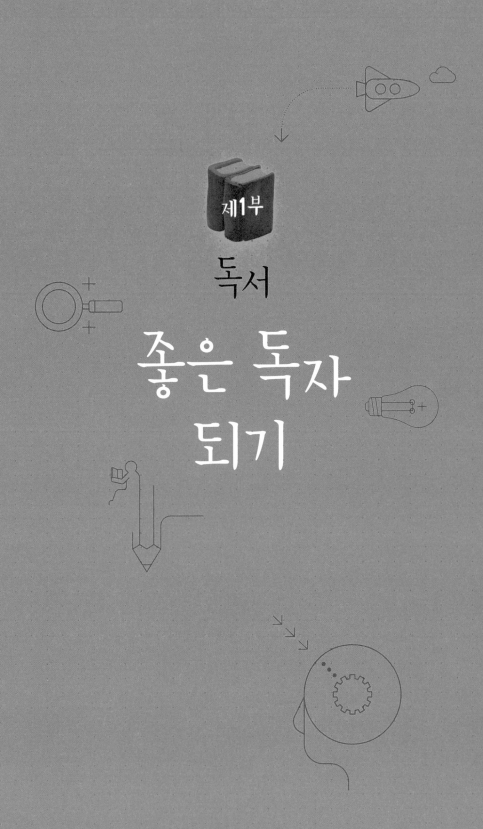

제1부

독서

좋은 독자
되기

CHAPTER 1

책 읽기,
모든 것의 기초

1.
읽지 않는
아이들

사실 책을 좋아하고 잘 읽는 아이들도 많다. 그런데 그렇지 않은 아이들은 더 많다. 책을 좋아하지 않는 아이들은 책을 이상한 방법으로 읽기도 한다. 그들은 이렇게 말한다.

"책을 두껍게 쥐고 여러 페이지를 한꺼번에 넘길 때가 있어요."

책을 읽는 일을 얼마나 하기 싫으면 그런 식으로 읽을까? 양껏 후딱 뒤로 넘겨 의무감에서 벗어나면 그만큼 행복해질까?

"두 줄씩 읽기도 해요. 엄마가 뒤에 앉아 있으면 그렇게 읽는데, 엄마는 빨리 읽었다고 좋아해요."

오호, 이건 새로운 방법이다. 책 읽기의 달인이라면 그리해도 나쁘지 않다.

"대화체로 나와서 쉬운 곳만 읽고 뭐라 뭐라 설명이 길어지면 그냥 넘어가요."

아이들 책이야 대화체가 많이 섞여 있으니 그런 부분만 읽어도 대충 줄거리를 파악하는 데는 지장이 없지 않나? 뭐, 때론 어른들도 그러지 않는가. 연애소설을 읽을 때 달콤한 부분만 열심히 읽고, 인생이 어떻고 철학이 어떻고 내면이 어떻고 하는 부분은 슬쩍 넘어가버린다. 아이들도 그럴 수 있다. 허구한 날 읽어야 하는 책을 어찌 한 권도 빠짐없이 열심히 읽을 수 있겠는가.

문제는 습관에 있다. 잘못된 방법에 길이 들어 모든 책을 그렇게 읽을까 봐 겁이 나는 것이다. 그리고 더 큰 문제는 그다음이다. 재주를 부리듯 요령껏 책을 읽는 아이들은 도통 책의 재미를 모른다. 그들의 반응은 빤하다.

"책이 재미가 없어요!"

재미가 없는데 누가 읽고 싶겠는가. 이제 그 아이들이 손에 책을 들게 하려면 전쟁을 치러야 한다. 앞서 한 말이 내 아이의 입에서 나온다면 누구나 끔찍해할 것이다. 그런데 정말 그런 태도로 책을 늘 읽으면 어떤 일이 벌어질지 눈에 선하지 않은가.

"책 읽기는 아이들에게 물려줘야 할 최고의 유산"이라고 열심히 이야기하고 다니지만, 그에 반하는 주장을 펴는 사람들도 있다는 사실을 잘 안다. 그들은 한정된 시간에 그 많은 양을 공부해야 하는데 언제 짬을 내서 제대로 책을 읽을 수 있겠느냐고 항변한다. 현재의 학교 시험이나 수능 시험에서는 굳이 힘들게 많은 책을 읽지 않아도 요령껏 대비하면 얼마든지 해결할 수 있지 않느냐고 되묻기도 한다. 수학 선행학습에다 과학 등의 과목을 공부하기도 바쁜데 언제 한가하게 책을 읽고 있느냐는 얘기다.

물론 인정한다. 현재 우리나라의 시험 시스템에 잘 적응해 남보다 앞서는 것만이 교육의 목적이라면 그 주장대로 굳이 힘들게 책을 읽지 않아도 별다른 지장이 없을지도 모른다. 조금 극단적으로 말해 차라리 그 시간에 끊임없는 반복 훈련을 해서 그야말로 '시험 기계'가 되는 게 더 나을 수도 있다.

하지만 당장 눈앞에 보이는 현실에 매몰되지 말고 멀리 보라고 말해주고 싶다. 모이를 찾는 닭처럼 30센티미터 앞만 보지 말고 독수리나 매처럼 30미터, 아니 300미터 앞을 보기 위해 힘쓰라고 권유하고 싶다. 당장은 손해를 보는 듯해도 인생이라는 긴 관점에서 그것이 올바른 선택이며 현명한 대처라고 믿어 의심치 않는다.

2. 부족한 어휘력, 재미없는 책 읽기

《그림 도둑 준모》(오승희 지음)는 2학년 정도면 이해하는 데 별다른 어려움이 없는 난이도의 책이다. 한번은 '머리말 읽기'의 중요성을 강조하느라 함께 읽자고 했는데, 3학년 아이가 도무지 머리말을 이해하지 못했다. 그 이유가 궁금해서 아이에게 모르는 낱말에 동그라미를 치라고 했더니, 아이가 두 쪽에 표시한 동그라미가 무려 11개에 달했다. '공상, 유창, 소매치기, 영웅대접, 인정받다, 조퇴, 표창, 닦달하다, 배짱, 갈팡질팡, 위태롭다.' 이쯤이면 아이가 글자를 읽기는 하되 그 글의 내용이 무엇인지 전혀 이해하지 못할 가능성이 크다. 머리말이라 본문보다 약간 더 어려웠을 수도 있다. 하지만 보통의 글에서도 어휘력이 약해서 책을 제대로 이해하지 못하는 아이들이 많다.

어휘력이란 단순히 그 단어를 접해보았다는 것만을 의미하지 않는다. 따라서 어휘력이 낮으면 여러 측면에서 문제가 발생한다. 어휘력에서 중요한 것은 단순히 '안다, 모른다' 차원이 아니라 낱말의 깊이와 포괄적 범위를 얼마나 아는가 하는 점이다. 어휘력이 책의 내용을 이해하는 능력과 깊은 관련이 있다는 것을 여러 학자들이 연구를 통해 밝힌 바 있다. 우선 리처드 C. 앤더슨과 피터 프리보디Richard C. Anderson & Peter Freebody는 낱말을 많이 알면 이해력이 눈에 띄게 향상된다고 주장했다. 바버라 모스와 테럴 A. 영Barbara Moss & Terrell A. Young도 어휘와 읽기의 관련성을 다음과 같이 말한다.

학생들이 초등학교 1학년에서 고등학교 3학년까지 익혀야 하는 단어는 3만 2,000개로 연간 약 2,670단어, 하루에 7단어 정도다. 이 중 상당수는 학교에서가 아니라 책 읽기를 통해 배워야 한다. 어휘력은 스스로 언어를 다루고 탐색하는 과정에서 늘어나는 것이지 직접 가르쳐서 되는 것이 아니다. 어려운 단어는 텔레비전이나 어른들과의 대화에서는 배우기 어렵고 책을 통해 잘 배울 수 있다. 나는 모든 어린이들에게, 그들의 수준이 어떠하든 가능한 한 많이 읽을 것을 권한다. 그러면 언어 능력이 필요한 어린이들에게 강력한 효과를 발휘할 것이다. 왜냐하면 읽기가 그들의 능력을 향상시키는 강력한 도구이기 때문이다.

어휘력에 강한 사람은 그만큼 넓고 깊은 문화적 배경지식을 갖추고 있고, 그러한 지식은 텍스트를 이해하는 데 대단히 중요하다. 반면 어휘력이 약한 사람은 책을 읽고 이해하는 데 어려움을 느끼며 읽는 재미를 맛보기 어렵다. 그런데 어휘력을 기르는 가장 좋은 방법은 바로 책을 읽으면서 새롭고 다양한 어휘를 많이 만나는 것이다. 여기에서 우리는 혼란에 빠질 수도 있다. 어휘력이 부족해서 책을 못 읽는데, 그 어휘력을 기르는 방법이 책 읽기라니!

어쩔 수 없다. 어느 시점에서든 아이들이 쉽게 읽을 만한 책을 골라 한 권씩 서서히 읽도록 지도하는 것이 가장 좋은 처방이다. 아이들이 어려운 어휘 하나를 익히려면 직접 여러 번 사용해보거나 어떤 맥락에서든 스무 번 이상 접해야 한다고 한다. 한 번 알려주었다고 해서 그 어휘를 곧장 사용할 수준까지 아는 게 아니라는 말이다. 결국 언제든 쓸 수 있는 어휘 밭을 머릿속에 마련하는 방법은 책을 읽으면서 자연스럽게 습득하는 것이 최선이다. 책을 많이 읽은 아이가 쓴 글과 그렇지 않은 아이가 쓴 글을 비교해보면 그 차이를 확연히 느낄 수 있다. 어휘력을 늘리는 데 책 읽기보다 더 좋은 방법이 있는지는 잘 모르겠다. 책은 어휘력의 보물창고다.

3.
사고력이
차라면 독서는
엔진이다

생각을 잘한다는 것은 무슨 의미일까? 우리는 왜 어떤 사람에게는 생각을 잘한다고 하고 또 어떤 사람에게는 생각을 잘 못한다고 하는가? 그 기준 중 하나가 추상적 사고를 잘하는가, 현실적인 사고 수준에 머물러 있는가다.

추상적 사고는 현실적이고 구체적인 사고를 종합한 상위 개념으로 이것은 눈에 보이지 않는다. 가령 '꽃'이라는 추상적 개념은 장미, 라일락, 개나리, 목련처럼 꽃의 범주에 들어가는 구체적인 '사실'을 많이 포함한다. 이렇듯 개별적인 사실을 늘어놓는 것보다 그것을 하나로 묶는 개념, 즉 '꽃'을 생각해내는 것이 추상적 사고다.

그런데 생각을 잘 못하는 사람은 현실적인 단어는 쉽게 나열해도 그 개념들을 묶어 상위 개념으로 표현하는 일에는 약하다. 이 경우 대개는 눈에 보이는 것을 사실로 믿고 그 뒤에 숨은 뜻을 파악하지 못한다.

러시아의 유명한 심리학자 알렉산더 루리아Alexander Luria는 1930년대 초 추론 연구를 위해 문맹인 농부들을 상대로 실험을 했다. 루리아 연구팀은 나이 많고 글을 모르는 농부에게 몇 가지 사실을 알려주고 마지막에 답하라고 했다. 그들이 알려준 내용은 이것이다.

"추운 지방에 사는 곰은 다 흰색입니다. 북쪽 지방은 굉장히 추운 곳이죠. 그러면 북쪽 지방에 사는 곰은 무슨 색깔일까요?"

질문을 받은 농부는 버럭 화를 내면서 대답했다.

"아, 그걸 내가 어떻게 알겠소! 난 북쪽에 가본 적이 없소. 작년에 내 친구가 추운 지방에 다녀왔는데 곰이 무슨 색깔이라는 말은 하지 않았소. 이젠 그 친구가 죽어서 물어볼 수도 없다오. 근데 그걸 내가 어떻게 알아요!"

이 농부처럼 사고력이 낮은 사람은 현실적인 생각들을 종합해 추상적인 결론을 이끌어내는 능력이 떨어진다.

루리아의 또 다른 실험에서는 한 농부에게 낫, 망치, 톱 그리고 나뭇가지 그림을 준 뒤 그것을 두 종류로 구분하라고 했는데 제대로 해내지 못했다고 한다. 도구와 자연 상태인 나뭇가지로 범주화하는 능력이 없었기 때문이다. 그 농부는 톱과 낫, 망치를 묶어 '도구'라는 단어로 대신할 수 있다는 사실도 몰랐다고 한다. 이렇듯 사고력이 낮은 사람은 눈앞에 보이는 것만 생각할 뿐 눈에 보이지 않는 현상을 종합하고 범주화·위계화하는 고차적 사고 능력이 떨어진다.

실험을 마친 루리아는 이런 결론을 내렸다.

"첫째, 사고력에는 높고 낮음이 분명히 존재한다. 둘째, 사고력이 낮은 사람은 눈에 보이지 않는 사실을 알아내지 못한다. 즉, 추상적 사고력이 낮다. 셋째, 사고력이 낮으면 어려운 학문을 하기 어렵다. 학문은 눈에 보이지 않는 것을 계속 생각하는 것이기 때문이다."

사고력 수준을 재는 또 하나의 기준은 단면적 사고를 하는가와 양면적(혹은 복합적, 입체적) 사고를 하는가에 달려 있다.

모든 사물에는 눈에 보이지 않는 '이면裏面'이 존재한다. 결국 어떤 사물을 제대로 이해한다는 것은 단순히 겉으로 드러난 피상적인 부분만 인식하고 이해하는 것을 의미하지 않는다. 그 안에 담긴 이면과 복합적인 의미까지 간파해야 비로소 뭔가를 제대로 이해했다고 볼 수 있다.

닫힌 창으로는 햇빛과 바람이 들어올 수 없듯 사고력이 낮은 사람은 책이 담고 있는 다양한 의미와 심오한 지식을 받아들이지 못한다. 또한 책 읽기의 의미와 가치를 제대로 이해하지 못하며, 단언컨대 발전 가능성이 없다.

새로운 기술이 계속 발전하고 그 새로운 기술이 새로운 지식을 요구하는 시대에는 평생학습이 삶의 조건이다. 21세기가 요구하는 능력은 단순히 외운 것을 반복하는 것이 아니라 자신의 힘으로 생각하는 능력이다. 사고력이 낮으면 21세기가 제시하는 여러 과제를 해결할 수 없다. 정보를 읽어도 무슨 뜻인지 모르고, 정보가 눈앞에 있어도 그것을 이용해 새것을 창조하지 못한다. 지속적으로 공부하지 않는 사람은 가장 기본적인 농기구도 없이 농사를 지으려는 농부와 같다.

생각은 땅에 떨어진 씨앗과 같아서 그대로 두면 발전하지 않는다. 씨앗이 햇빛과 수분, 양분을 만나야 싹이 트고 무럭무럭 자라듯 생각도 마찬가지다. 계속해서 더 많이 생각하려 노력하고 다른 사람의 생각과 적극적으로 만나야 한다. 꾸준히 독서를 하면서 비판적으로 생각하는 경험을 반복해야 사고력이 발달한다. 흔히 아이들에게 "생각을 잘 해봐"라고 말하지만 그 방법을 제대로 가르쳐주기란 말처럼 쉽지 않다. 아이의 사고력이 나무처럼 쑥쑥 자라길 바란다면 읽고 토론하고 글을 쓸 수 있는 환경을 적극 제공해야 한다.

4.
든든한
배경지식
축적의 길, 독서

작은아이와 함께 미국을 여행할 때의 일이다.

미국 서부의 유명 관광지 중 하나인 유니버셜 스튜디오에 가서 안내지도를 읽는데 그걸 읽는 아이의 속도가 생각보다 느렸다. 평소에 아이는 지도에 관심이 많아 지도책을 즐겨보고 매우 빠른 속도로 파악했는데 말이다. 곰곰이 생각해보니 나는 그곳에 두 번째로 들른 것이었고 아이는 처음 들른 것이었다. 아무래도 배경지식이 있다 보니 나는 지도를 보는 것이 여러모로 익숙하고 편했다. 반면 방향과 위치, 내용물에 대한 지식이 거의 없던 작은아이는 평소보다 서툴렀다.

이처럼 무언가에 대한 배경지식이 있느냐 없느냐는 이해력 면에서 큰 차이를 만든다. 어떤 새로운 것을 접할 때 우리의 두뇌가 미리 준비를 하기 때문이다. 만약 두뇌에 떠오르는 것이 전혀 없으면 뭔가를 알아내는 데 시간이 오래 걸릴 수밖에 없다. "고기도 먹어본 놈이 더 잘 먹는다"라는 속담이 괜히 있는 게 아니다. 먹어본 놈은 고기 맛과 요리하는 법을 알 테니 이미 먹을 준비를 절반 이상 갖춘 것이나 마찬 가지다. 하지만 처음 먹는 놈은 모든 절차가 낯설고 서툴러 허둥대기 일쑤니 잘 먹기는 애당초 글렀다.

책 읽기는 우리의 머릿속에 다양한 배경지식을 넣어준다. 이것을 '스키마 schema'라고 한다. 스키마는 사람이 눈, 코, 귀, 입, 피부, 등 다양한 감각기관을 통해 머릿속에 쌓은 지식의 총합을 의미하는데, 새로운 지식을 받아들이는 과정에서 친절한 길 안내자의 역할을 한다. 그 세부적인 절차가 어떻게 진행되는지, 그 안에 어떤 지식이 담겨 있는지 자세히 안내받을 경우 쉽게 이해하는 것이 당연하지 않은가. 당신이 오페라 공연을 보러 간다고 상상해보자. 공연의 전체적인 구성 방식과 전개 순서 그리고 배우들 하나하나의 특징을 꼼꼼히 알고 가면 수준 높은 관람이 가능하지 않겠는가. 그와 반대로 오페라와 배우에 대해 아무런 배경지식이 없는 상태에서 처음 공연을 보러 가면 모든 것이 낯설고 불편해서 제대로 감상하기가 쉽지 않다.

그 이치는 책 읽기도 똑같다. 많이 읽으면 다양한 분야에 관한 폭넓은 배경지식이 생긴다. 이후에는 똑같은 책을 읽거나 똑같은 대상을 보아도 관련 배경지식이 없는 사람에 비해 훨씬 더 많은 생각을 하고 또 배울 수 있다. 배경지식이 많으면 많을수록 새로운 지식을 받아들이기가 그만큼 더 쉬운 법이다. 이것이 책 읽기가 주는 배경지식의 힘이다.

배경지식이 준비된 독자는 어떤 글을 읽어도 어휘와 글의 구조에 익숙하기 때문에 빨리, 제대로 이해하며 읽는다. 그러면 같은 글을 읽어도 요점 파악을 더 잘하고 이해력도 높아 잘 기억한다. 모든 학습의 핵심은 '이해'하고 '기억'하는 데 있으므로 글을 잘 읽으면 그만큼 공부를 더 잘할 수 있다.

아래의 숫자를 한번 살펴보자.

0579876543

이러한 숫자 나열은 읽기 어려울 뿐 아니라 쉽게 기억나지도 않는다. 아무런 구조 없이 그저 나열만 되어 있어 이해하기가 곤란한 탓이다. 그렇다면 이건 어떤가?

057-987-6543

같은 숫자에 '-'만 붙였을 뿐인데 처음보다 읽고 기억하기가 한결 수월하지 않은가. 왜 그럴까? 그 구조가 우리가 익히 알고 있는 구조(전화번호)와 비슷해서 그렇다. 이처럼 우리는 익숙한 구조일수록 더 쉽게 읽고 기억한다.

독서할 때도 내용이나 구조가 익숙한 글은 읽기에 편하다. 스포츠에 관심이 많은 사람이 스포츠 관련 글을 읽는 것은 쉽지만 스포츠에 문외한인 사람이 그런 글을 읽는 것은 매우 어렵다. 단어 하나하나가 낯설 뿐더러 다루는 내용의 배경지식도 충분치 않기 때문이다.

한 개인이 삶에서 축적한 경험의 총체인 스키마가 내용과 형식 면에서 정교하게 발달할수록 독서를 잘한다. 인지심리학자 울리히 나이서Ulric Neisser는 독서에서 스키마의 역할을 다음과 같이 설명했다.

"읽기뿐 아니라 듣기, 느끼기, 보기 등은 되풀이해서 일어나는 숙련된 활동이다. 그것은 모두 이전에 존재한 구조에 의존한다. …… 그 구조가 스키마타Schemata, 스키마의 복수형로 이것은 즉각 지각하고 되풀이해서 일어나는 동안 조절되기도 한다."

또한 1960년대 미국 애리조나 대학의 케네스 굿맨Kenneth Goodman은 "독서란 독자의 스키마를 활용해 의미를 재구성하는 고도의 지적 과정"이라고 말했다.

책을 잘 읽고 그 내용을 기억하면 이것이 다음 책을 읽을 때 스키마로 작동한다. 어릴 적부터 다양한 종류의 서술 방식을 갖춘 책을 읽는 게 좋은 이유가 여기에 있다. 여러 분야의 기초 지식과 장르에 따른 글의 속성을 이해하면, 즉 스키마가 있으면 같은 계통의 글을 읽을 때 훨씬 잘 읽는다. 결국 책 읽기의 성패를 좌우하는 것은 배경지식과 경험이다. 서 있는 곳이 다르면 풍경도 달라진다.

5.
독서에서 얻은 논리력이 수학도 해결한다

교과서를 읽고 그 내용을 파악해 중요한 것과 그렇지 않은 것을 구분한 뒤 그중 중요한 것을 간추려 정리하고 외우는 것은 모든 공부의 기본이다. 새로운 내용을 이해하고 기억하는 것이 바로 공부다. 그런데 만약 학습의 주요 도구인 읽기를 못하면 선생님의 가르침을 잘 받아들이는 것도, 교과서 내용의 중요도를 판단해 이해 및 기억하는 것도 어렵다. 읽기 부족은 단지 학습 문제를 유발하는 것으로 끝나지 않는다. 읽기에 서툴면 새 정보 습득에 뒤처질 수밖에 없고, 나아가 생활 전반에 걸쳐 불리한 조건에 놓일 가능성이 크다. 이러한 읽기 능력은 누가 대신해줘서가 아니라 학생 스스로 열심히 연습하고 익혀야 습득된다. 그런데 많은 경우 그 '과정'을 누군가가 대신 해준다. 학교에서의 노트 필기, 참고서, 학원 공부가 그 대표적인 예다.

그러다 보니 정작 텍스트를 읽고 중요한 내용을 스스로 파악해 정리할 기회를 잃고 만다. 이런 식으로 공부하는 이유는 성적(점수)을 우선시하기 때문이다. 학생도 부모도 나중이야 어찌 됐든 코앞에 닥친 시험에서 높은 점수를 받는 게 중요하다고 생각한다. 당장은 남이 해준 것을 받아들이는 게 좋은 공부법처럼 보일 수 있다. 시험이 코앞에 닥쳤는데 중요한 내용을 스스로 정리할 시간이 어디 있겠는가. 남이 정리해준 것, 그것도 전문가가 정리한 것이라면 마음이 혹하는 것도 무리는 아니다. 그 내용을 달달 외운 다음 시험을 보면 어느 정도 유리하니 말이다.

하지만 이런 공부 방식은 시간이 지날수록 공부 자체를 더욱 어렵게 만든다. 일단 익숙하지 않거나 처음 보는 글은 학생이 스스로 중요한 내용을 간추려가며 독해해야 하는데, 그것이 어려워 무슨 말인지 이해하지 못할 가능성이 크다. 그러니 학년이 올라갈수록 공부가 더욱 어려워진다.

그러므로 초등학교 때 공부의 토대인 독서력을 길러주는 것이 바람직하다. 교육 과정에는 그에 맞는 공부 단계가 있다. 먼저 초등학교 시절에는 기본기를 키우고 중학교 때는 자기만의 공부법을 터득해 갈고닦아야 한다. 그리고 고등학교에 진학한 뒤에는 진짜 공부에 돌입해 완성해가야 한다. 그러한 공부 단계의 토대가 독서라니 이 얼마나 근사하고 마음 놓이는 일인가!

독서력은 수학 능력도 좌우한다. 더러는 뛰어난 수학적 재능을 갖추고도 텍스트가 길게 주어지는 서술형 수학문제에 약한 아이들을 볼 수 있다. 한번은 강남의 어느 중학교에서 무려 25줄이나 되는 글이 포함된 수학문제를 냈다. 아이들은 그 문제를 읽는 데 마치 마녀가 나오는 짧은 소설을 읽는 듯한 느낌이 들었다고 한다. 그 문제를 몇 명이나 맞혔을까? 단 몇 명뿐이었다고 한다. 읽기에 약한 아이들은 수학에서 문장제 문제를 푸는 데 어려움을 겪는다.

현재 시행 중인 교육 과정에서 수학은 단순히 수학문제를 잘 풀기만을 요구하지 않는다. 수학 교육의 목표는 결코 계산을 잘하고 문제 풀이에 능한 아이들을 기르는 데 있지 않다. 혹시 스토리텔링 수학, 창의 수학, STEAM 교육 Science, Technology, Engineering, Arts and Math의 융합 교육. 미국에서 시행하는 STEM에 우리는 Arts까지 더해 '스팀 교육'을 시행한다이라는 용어를 들어보았는가. 이것이 현재 시행 중인 '2009 개정 교육 과정'이 추구하는 수학 교육이다. 따라서 수학을 잘하려면 문제 상황이나 수학자의 삶을 이해하는 사고력 독해 능력이 필수적이다. 나아가 수학적 문제 해결 능력과 그것을 말이나 글로 나타내는 논리적 사고력, 문장 구성력도 필요하다. 심지어 어떤 문제는 창의적인 해결책까지 요구한다.

《트럼펫 부는 백조, 루이》(E. B. 화이트 지음, 주니어RHK)에 백조 루이가 학교에 공부를 하러 가는 장면이 나온다. 그런데 아이들이 수학시간에 하는 답변이 무척 재미있다. 선생님이 물었다.

"한 시간에 3킬로미터를 걸을 수 있는 사람이 있는데, 그 사람은 네 시간 동안 몇 킬로미터를 걸을 수 있겠니?"

그러자 질문을 받은 샘이 답한다.

"그야 한 시간 걷고 나서 그 사람이 얼마나 피곤한지에 달렸지요."

선생님의 대답은 이렇다.

"샘의 말도 옳구나. 정답은 반드시 12킬로미터라고만 생각했지, 나는 한 번도 그런 식으로 문제를 생각해보지 않았어."

복잡하고 어려운 수학문제를 잘 풀려면 단순한 연산 능력이나 기계적인 문제풀이에 익숙해지는 것이 아니라 논리적인 사고 능력을 갖춰야 한다.

얼마 전 뉴질랜드로 유학을 떠난 학생이 엄마에게 이런 말을 했다고 한다.

"엄마, 분명 수학시간이었는데 수학인지 영어인지 잘 모르겠어요."

답답해진 엄마가 학교에 찾아가 교장선생님을 만났다고 한다.

"수학은 언어를 잘해야 잘할 수 있는 과목입니다. 긴 지문을 읽는 연습을 먼저 해야 하지요. 독해 능력이 먼저고, 수식을 세워 푸는 연습은 그다음입니다. 그래서 학생이 그런 생각을 했나 봅니다."

독서 능력이 떨어지면 수학에서 문제가 발생하는 것은 당연하다. 어디 수학뿐인가. 창의 과학을 모토로 하는 과학이나 표현력보다 그 안에 담긴 내용을 중요시하는 영어도 마찬가지다. 모든 과목에서 공부를 잘하려면 독서력이 뒷받침되어야 한다.

6.
무조건 빨리
읽으면 좋을까?

글을 읽고 이해하는 것은 생각처럼 쉽고 단순한 과정이 아니다. 여기에는 아주 복잡한 심리 과정이 따른다. 글자 자체가 글쓴이의 뜻이고 글을 읽기만 하면 독자가 의미를 자동적으로 이해할 수 있다면 얼마나 좋을까? 이 경우에는 좋은 책을 골라 아이에게 주기만 하면 모든 것이 끝난다. 하지만 읽기에는 글의 특성과 필자 그리고 독자 사이의 상호작용이 필요하다. 그러니 그 과정이 복잡할 수밖에 없다.

저자는 머릿속에 든 것 중 인생과 세상에 대해 자신이 말하고 싶은 것을 골라 글을 쓴다. 글을 쓰는 목적에 따라 약간 다르긴 해도 대체로 필자 자신이 속한 사회문화적 환경이 글의 내용과 구조를 결정한다.

어떤 글을 처음 읽었을 때 독자는 그 글을 매개로 해서 새로운 의미를 자신의 머릿속에 구성하는 과정을 거친다. 만일 독자의 머리가 텅 비어 백지와 같다면 글의 의미를 수동적으로 받아들이기만 할지도 모른다. 그러나 저자는 물론 독자를 포함한 모든 인간에게는 어느 순간이든 그때까지의 직·간접 경험과 상상을 통해 머릿속에 구성한 세상사의 지식이 갖춰져 있다. 다시 말해 우리는 머릿속에 다양한 분야의 많은 지식을 갖춰둔 상태에서 그 지식에 기반하여 글을 읽는다.

독서 과정은 이처럼 여러 요인이 상호작용하는 까닭에 매우 복잡하다. 독자가 저자의 의도에 보다 가까이 다가가려면 독자는 저자의 사상과 지식, 사회문화적 환경을 좀 더 명확히 이해해야 한다. 독자가 아는 것이 많을수록, 비슷한 유형의 텍스트를 읽어본 경험이 많을수록, 비판적으로 사고하는 힘이 클수록 글을 더 잘 이해할 수 있다.

이해력의 정도를 좌우하는 다른 요인이 바로 독서시간이다. 어떤 학부모는 아이가 책을 무조건 빨리 읽기를 기대한다. 또 어떤 학부모는 아이가 책을 너무 빨리 읽어서 고민이라고 말한다.

책을 읽는 속도는 이해력과 깊은 관련이 있다. 무조건 빨리 읽는다고 좋은 것도 아니고 천천히 읽는다고 바람직한 것도 아니다. 책을 읽는 동안 우리의 머릿속에서 온갖 일이 벌어지는 까닭에 책마다 읽는

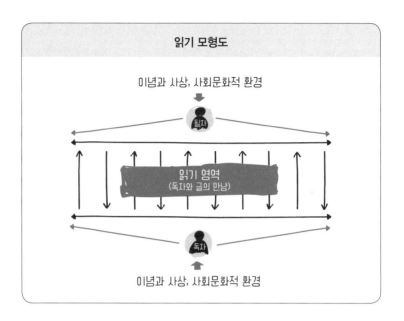

속도는 다를 수밖에 없다. 가령 시간을 때우기 위해 가벼운 읽을거리에 몰두할 때는 그리 많은 시간이 필요 없다. 그런 종류의 책은 저자도 많은 배경지식을 독자에게 요구하지 않는다. 반면 마음의 양식이될 만한 책은 대부분 가볍게 읽기가 어렵다.

이러한 책은 평균적으로 초등 저학년용은 120쪽 내외, 중학년용은 180쪽 이내 그리고 고학년용은 그 이상이다. 시간 때우기용 책이 아니라면 이 모든 경우 아이들 각자가 책 한 권을 읽는 데 필요한 시간은 최소한 두 시간이다. 그 시간 동안 중요한 부분을 찾고 메모하고 생각하며 읽는 것이 좋다. 중학생 이상이 되면 책을 읽는 데 거의 네 시간 이상을 투자해야 의미를 파악하고 깊이 있게 소통할 수 있다.

그러니 무작정 빨리 읽으라고 할 일이 아니다. 오히려 너무 빨리 읽으면 생각하지 않았거나 대충 읽었다는 의미이므로 주의 깊게 살펴보아야 한다.

7.
'고전古典'을
읽지 않은 아이는
인생에서
'고전苦戰'한다

왜 책을 읽을까? 간접 경험을 통해 삶의 다양성과 주변을 이해하고 자기견해를 분명히 밝히기 위해서다. 인생에는 얼마나 다양한 비밀이 깊이 내재되어 있는가. 우리가 그 모든 것을 경험할 수는 없지만 책을 통해 그것을 얼마간 이해하고 배울 수 있다. 어떤 것이든 책은 인생의 여러 면을 깊이 생각하게 만들며 특히 고전은 우리에게 삶의 방향을 알려준다.

나는 몇 년째 대치동에서 아이를 키우는 어머니들과 독서클럽을 함께하고 있다. 그동안 온갖 우여곡절이 있었지만 우리는 "나는 계속 배우면서 나를 갖춰 나간다. 언젠가는 내게도 기회가 찾아올 것이다"라는 링컨의 말을 모토로 삼아 지속적으로 모임을 이끌어가고 있다. 가끔은 아이들이 독서클럽에 찾아와 자기 엄마의 변화된 모습을 털어놓기도 한다.

"엄마가 어제《삼국지》를 읽느라 밤을 새웠어요."

내게는 그들이 세상에서 가장 예쁘고 모범적인 어머니로 보인다. 아이들에게 책을 읽으라고 백 번 말하는 것보다 훨씬 더 효과적인 독서지도를 하는 게 아닌가.

한번은 세상의 모든 책 중에서 가장 우수한 문학이라고 불리는 세르반테스의《돈키호테》를 함께 읽었다. 어찌나 웃기고 황당하고 재미가 있던지! 그런데 다 읽고 나서 세상을 돌아보니 심각하게 자주 '돈키호테'가 눈에 들어오는 것이 아닌가. 어머니들도 얼마나 많은 인간군상이 돈키호테처럼 살고 있는지, 그 하나하나의 에피소드가 자신의 삶과 얼마나 절묘하게 맞아떨어지는지 문득문득 깨달을 때가 많다고 했다.

에밀리 브론테의《폭풍의 언덕》을 읽고 난 뒤에는 한동안 가슴앓이를 했다. 히스클리프의 처절한 사랑법이 모두의 마음을 아프게 한 것이다. 얼마간 시간이 지나고 프랜시스 스콧 피츠제럴드의《위대한 개츠비》를 읽은 우리는 각자 영화까지 본 다음 히스클리프와 개츠비의 사랑을 놓고 열띤 토론을 벌였다.

읽고 나서 가슴이 먹먹해지고 삶의 비밀을 하나쯤 알게 된 듯한 느낌은 고전에서 온다. 어쩐지 얄팍해 보이고 아이들에게 자꾸만 무언가를 가르치려 하는 책에서는 이런 맛을 느낄 수 없다. 긴 호흡으로 책을 읽고 그 안에서 사람들이 사는 방식을 살펴보는 것은 모두의 삶을 참으로 가치 있게 만든다. 이처럼 고전이 내면에 가하는 충격을 고려한다면 더욱더 열심히 고전을 읽어야 한다. 누군가가 우스갯소리로 "고전은 누구나 읽고는 싶어 하지만 아무도 읽지 않는 책이다"라고 말한 적이 있다. 요약한 책이 아니면 대체로 한 두께를 자랑하니 무리도 아니다. 그러나 한 권 두 권 읽다 보면 재미를 깨닫고 볼수록 정이 가는 것이 고전이다.

그래서 어머니들의 독서클럽에서는 '어떻게 하면 우리가 느끼고 생각한 것을 아이들도 똑같이 경험하게 할 수 있을까'를 늘 고민한다. 아이들이 스스로 좋은 책을 찾고 자신만의 느낌을 소중하게 받아들이면서 읽기를 즐긴다면 그 이상 바랄 게 뭐가 있겠는가.

약간 말장난 같지만 학창 시절에 고전을 읽지 않은 아이는 인생에서 고전을 면치 못하게 될 수도 있다. 반대로 어려서부터 고전을 두루 섭렵한 아이는 그렇지 않은 아이보다 인생을 능동적이고 지혜롭게 살아갈 가능성이 크다. 왜냐고? 고전에는 아주 다양한 인간군상과 관계, 삶의 모습 그리고 문제나 역경을 만났을 때 극복해내는 지혜와 노하우가 풍부하게 담겨 있기 때문이다. 고전을 읽으면 그러한 힘과 지혜를 기를 수 있다.

〈학부모 간담회〉
에서 들은
이야기 한 토막

새벽에 웹툰을 보려고 깨는 아이들이 많다고 한다. 웹툰을 일제히 업로드하는 날이 있다나 뭐라나. 그래서 그날만큼은 아이들이 새벽에 일어난단다. 그런데 그걸 아는 부모가 별로 없다. 그저 늦게 잠자리에 든 아이가 아침에 힘들어하는 것만 안쓰러워할 뿐이다. 아이들은 관심이 가면 새벽이든 한밤중이든 호기심을 충족시킨다. 그러고 보면 책 읽을 시간이 없다는 건 괜한 변명에 불과하다.

만화책이나 웹툰이 책 읽기의 주재료가 되는 것은 바람직하지 않다. 그것은 패스트푸드나 마찬가지다. 조리가 빠르고 입맛을 자극하는 패스트푸드는 어쩌다 먹는 것은 상관없지만 주식으로 삼기엔 곤란하다. 만화책이나 웹툰은 그 속성상 짧은 호흡으로 거의 말초신경을 자극하는 수준에서 이야기를 전개한다. 여기에다 시각적 효과만 잔뜩 흩뿌리는 그 화려한 그림이라니!

아이들은 '글'을 읽어야 한다. 그리고 '생각'을 해야 한다. 글도 아닌, 생각할 필요도 없는 눈요깃거리로 의미 있는 지식을 축적하거나 사유하는 능력을 기르기는 어렵다. 미래사회가 요구하는 융합적이고 창의적인 인재를 기대한다면 무엇보다 제대로 된 '책'을 읽어야 한다. 제대로 된 책 중 가장 좋은 것이 고전이다.

8.
초등 4학년,
첫 번째
'읽기 슬럼프'가
찾아오는 시기

아이가 읽기를 제대로 배웠느냐 아니냐에 따라 이후 점차 다른 길을 걷는 시기는 바로 '초등 4학년'이다. 다음의 글을 읽어보자.

어린이가 글로 쓴 자료를 이해하고 배우는 것은 성공적인 학습의 핵심이다. 어린이의 독서력은 나이와 학년에 따라 발전하는 경향이 있지만 유독 읽기만큼은 유창성이 발달하는 특정 시기가 있다. 그것은 바로 3학년에서 5학년 사이다. 이 시기 이해력에 문제를 보이는 현상을 '4학년 읽기 슬럼프fourth-grade reading slump'라고 한다.

- Joseph Sanacore, Anthony Palumbo in The Educational Forum

3학년에서 5학년 사이, 즉 4학년을 전후한 시기부터 지금까지와 다른 차원의 읽기 실력이 필요하다. 그때까지 읽기를 통해 단순히 즐거움을 얻었다면 이제는 읽은 것에서 무언가를 배워야 한다. 이야기 글보다 설명 글을 많이 접하는 이때 만약 읽기 능력을 제대로 갖추지 못하면 '4학년 읽기 슬럼프'가 나타난다.

주변에서 보아도 4학년 아이들의 독서력 차이가 가장 심하지 않나 싶다. 책을 몹시 좋아하는 한 아이는 제발 식탁에서도 책을 볼 수 있었으면 좋겠다고 말한다. 워낙 바쁘다 보니 식탁에서 보내는 '여유로운' 시간에 그냥 밥만 먹기가 아깝다는 얘기다. 또 다른 아이는 학교에서 여러 권의 책을 읽은 아이와 친구가 되어 책 이야기를 나누는 것이 즐겁단다. 간혹 수업시간에 다른 아이들은 모두 가만히 있고 선생님과 단둘이 수업을 하듯 이야기를 주고받는 아이도 있다. 머릿속에 배경지식이 그만큼 많이 들어 있다는 의미일 것이다.

이러한 차이가 벌어지는 학년이 대체로 4학년 즈음이다. 교과 과정으로 보아도 3학년까지는 기초 과정이고 4학년부터 어려워진다. 이 무렵 아이들이 지금까지 어떤 독서 이력을 갖고 있는가에 따라 독서력에 차이가 벌어진다. 그때까지 잘 읽은 아이는 학습을 즐거워하고 다양한 책을 읽으면서 독서에 더욱 흥미를 보인다. 반면 그렇지 못한 아이는 책 읽기를 힘들어하고 학습에서도 크게 재미를 느끼지 못한다.

미국의 국제독서력발전협회PIRLS, Progress in International Reading Literacy Study는 5년에 한 번씩 전 세계에서 참가 의사를 밝힌 각 나라의 초등 4학년생을 대상으로 읽기 능력을 평가, 분석해 그 자료를 공개한다. 그들이 4학년에게 대대적으로 그 테스트를 하는 이유는 다음과 같다.

정보화 사회에서 '읽기'는 더 나은 삶, 지적 성장, 잠재력 발현을 위해 반드시 갖춰야 할 중요한 능력이다. 읽기를 잘하는 사람이 사회적 지위나 경제적 부를 차지할 가능성이 더 크다. 특히 4학년은 좋은 독자가 되느냐 마느냐를 결정짓는 중요한 학년이다. 4학년 정도면 제대로 독서법을 배운 다음 그 독서법에 따라 열심히 책을 읽어야 하는 학년이기 때문이다.

만약 4학년이 될 때까지 읽기를 제대로 배우지 못하면 학습 부담이 높아지는 고학년부터 학습에서 어려움을 겪을 가능성이 크다. 아이들은 적어도 4학년이 지나기 전까지는 어떻게 읽는 것이 좋은지 제대로 배워야 한다. 읽기 능력을 다져놓아야 스스로 배우고 학습하는 단계로 나아갈 수 있기 때문이다.

내가 이런 얘기를 하고 나면 꼭 듣는 질문이 있다.

"4학년이 지난 아이들은 읽기를 더 잘하게 만들 수 없나요?"

배움의 시기를 어찌 따로 정할 수 있겠는가. 또 모든 아이에게 일률적으로 적용되는 교육 이론이 어디에 있겠는가. 언제가 되었든 읽기가 중요하다는 사실을 알았다면 그때가 읽기 교육의 적기다.

9. 영어책으로 대신 읽으면 어떨까?

우리나라에서는 영어가 워낙 강세다 보니 그 열풍이 책 읽기에도 영향을 미치는 것 같다. 어떤 학부모는 영어책을 읽으면 영어도 되고 책 읽기도 되니 일석이조가 아니냐고 묻기도 한다. 과연 그럴까? 결론을 말하자면 반은 맞고 반은 틀리다.

요즘 강남의 아이들 말투 중에 특이한 것이 눈에 띈다. 영어식 표현을 우리말에 그대로 적용한 경우다. 이 아이들은 차에 태워주는 것을 '라이드를 준다'며 영어식 표현을 그대로 쓴다. 부모를 호칭할 때도 '내 엄마, 내 아빠, 내 집'이라는 식으로 영어식 표현을 쓰는 경우가 많다. 한번은 자기 엄마가 사온 간식을 함부로 대하는 다른 아이를 향해 무섭게 화를 내는 아이를 보았다.

"내 엄마가 우리를 위해서 사온 간식인데, 씨이~."

이처럼 영어가 아이들의 생활 속으로 깊이 들어와 있다 보니 일상의 말투에도 영향을 받고 있는 것 같다.

그럼 동화책을 기준으로 생각해보자. 앞서 영어책 독서의 영향에 대해 내가 반은 맞다고 한 것은 동화는 어차피 현실에서 있음직한 일을 보여주는 이야기이기 때문이다. 영어책 역시 사람들이 살아가는 여러 가지 모습을 통해 삶의 다양성을 생각해볼 기회를 제공한다.

반은 틀리다고 한 이유에는 두 가지가 있다. 우선 문화적 차이가 있다. 어느 날 초등학교 5학년인 주희가 말했다.

"선생님, 한국 동화보다 외국 동화가 더 신나고 재미있어요."

그럴 수도 있겠다 싶었다. 내가 보기에도 우리나라 동화는 교훈 위주로 흐르는 경우가 많다. 무언가를 가르치고 깨우치려는 글쓴이의 의욕이 좀 많이 드러나 있다고나 할까. 그 반면 서양의 동화는 책에 나오는 아이들이 존중받고 어른들이 아이들의 창의성과 개성을 존중하는 모습을 많이 보여준다. 예를 들어《별 볼 일 없는 4학년》(주디 블룸 지음),《까모는 어떻게 영어를 잘하게 되었나》(다니엘 페나크 지음),《개구리 선생님의 비밀》(파울 판 론 지음),《프린들 주세요》(앤드루 클레먼츠 지음),《엉뚱이 소피의 못 말리는 패션》(수지 모건스턴 지음)에 등장하는 엄마들은 우리나라 동화에 나오는 엄마와는 좀 다르다. 그들은 아이들의 문제를 해결하기 위해 합리적으로 소통하고 토론한다. 이들의 공통점은 '야단치고 강제하고 권위로 누르고 자신만의 잣대로 아이에 관한 일을 강제하지' 않고 '협의하고 토론하고 소통하려 노력한다'는 것이다.

그런데 우리나라 동화에는 그와 다른 부모나 어른이 많이 등장한다. 가령《빨간 꽃》(최은영 지음),《일기장 통신》(김희숙 지음),《수일이와 수일이》(김우경 지음), 《시간 가게》(이나영 지음)에 나오는 엄마는 대체로 아이들을 가르쳐야 할 대상으로만 인식하는 듯하다. 심지어 아이들이 철이 없어서 미래를 내다볼 줄 모른다고 생각한다.

어쩌면 이 모습은 우리 시대의 자화상인지도 모른다. 어른들은 아이들을 자기 마음대로 기르려 하고 아이들은 반발한다.

"우리 부모님은 제 의견을 전혀 들으려고 하지 않아요. 그리고 엄마, 아빠 말씀만 강요해요. 나중에는 그 말과 판단이 다 옳았음을 알게 될 거라면서요. 엄마, 아빠가 세상을 더 잘 알고 경험도 훨씬 더 많이 했다고 강조하지요."

대개가 그렇다. 부모들은 소통하고 이해를 구하려 노력하는 대신 강요하고 무조건 따라오게 하는 쉬운 방법을 택한다. 그러한 사회적 인식이 책에 그대로 드러나고 있는 셈이다. 아이들은 더러 그런 내용에 공감하기도 하지만 즐기지는 않는다. 오히려 외국 동화에 등장하는 수많은 토론 장면, 소통과 설득 장면에 더 열광한다. 책은 문화적 배경을 반영하기 때문에 외국 책엔 외국의 문화가, 우리 책엔 우리의 문화가 녹아 있다. 덕분에 아이들은 책을 통해 자기 주변을 더욱 잘 이해하며, 특히 우리 동화를 읽으면서 자신에 대한 이해의 폭을 넓힌다. 이런 측면에서도 우리 동화를 읽는 대신 외국 동화만 읽는 것은 영어라는 언어 외에 다른 문제를 유발할 수 있다.

그다음으로 표현상의 문제가 있다. 영어는 우리말과 많은 면에서 다르다. 특히 동사 표현에서 차이가 두드러진다. 햄릿의 유명한 대사 중에 이런 것이 있다.

"To be or not to be, that is the question."

영어는 주로 상태를 표시하는 데 주력하는 언어다. 그런데 우리말은 동작을 나타내는 데 주력한다. 따라서 이 문장을 "있느냐 없느냐, 그것이 문제로다"처럼 상태를 나타내는 말로 해석하면 엉뚱한 해석이 되고 만다. 이때는 동작을 나타내는 말을 넣어 "죽느냐 사느냐, 그것이 문제로다(본래 '사느냐 죽느냐'로 해석해야 하지만 처음에 누군가의 해석 이후 굳어진 표현이라 요즘은 대부분 이런 식으로 해석한다)"라고 해석해야 우리말 느낌이 난다. "학교에 갔다 올게" 같은 표현도 영어에서는 단순하게 "I'll be back"처럼 동작 완료 후의 상태를 표현하기 때문에 우리말의 풍부하고 정교한 표현법과 마주할 기회를 놓치고 만다. 그래서 영어책을 읽는 것은 좋은 점도 있지만 놓치는 점도 많다.

10. 정말로 책 읽기를 즐기는 아이로 키우고 싶다면

어떤 아이가 책을 읽고 나면 그 보상으로 돈을 받았다. 한 권을 읽으면 늘 500원씩 받던 아이가 하루는 《샬롯의 거미줄》이라는 책을 주자, 후루룩 넘겨보고는 이러더란다.

"이건 글자가 너무 많은걸요? 그림도 별로 없고. 1,000원은 주셔야겠어요."

그러던 아이가 《마법의 설탕 두 조각》(미하엘 엔데 지음)을 주자, 이랬다고 한다.

"아, 이건 200원만 주셔도 되겠어요."

아이의 넉살에 어이없는 웃음을 짓는 독자가 있을지도 모르겠다. 어쨌거나 이 아이는 자신이 가치 있는 일을 하고 있다는 사실만큼은 분명히 알고 있는 셈이다. 하지만 나는 이 방법을 권장하고 싶지 않다. 내적 동기가 없는 상태에서 외적 요인의 영향으로 책을 읽으면 외적 요인이 바뀌었을 때 원점으로 돌아가기 때문이다. 어느 날 금전적 보상이 사라지면 책 읽기에 대한 아이의 의지도 그에 비례해 사라질 가능성이 크다. 책을 읽는 동기가 '돈'에 있었으니 말이다.

혹시 그러다가 진짜로 책 읽기에 빠져들지는 않을까? 물론 그럴 수도 있지만 나는 아직까지 그런 경우를 한 번도 본 적이 없다. 책 읽기에 대한 보상으로 돈을 받은 아이가 정말로 책을 좋아하게 되어 많이 읽는다는 얘기를 들어본 적은 없다.

정말로 책 읽기를 즐기는 아이로 키우고 싶다면 책 읽기의 즐거움을 내면에서 깊이 깨닫게 해야 한다. 좀 오래 걸리더라도 그것이 옳은 길이다. 금전에 눈이 멀어 책을 읽는 아이나 읽는 척하는 아이가 책벌레가 되기는 어렵다.

그렇다면 책 읽기의 즐거움을 깨닫는 내적인 힘은 어디서 오는 것일까? 이 문제를 놓고 나는 한동안 깊은 고민에 빠졌다. 왜 어떤 아이는 더 잘 읽을까? 왜 어떤 아이는 독서 능력이 더 뛰어날까? 왜 어떤 아이는 읽기에 푹 빠져 틈이 날 때마다 책을 읽으려 하는 걸까? 어떻게 하면 아이들이 읽기를 더 좋아하게 될까? 그런 방법이 있기는 한 걸까? 독서 능력은 타고나는 걸까? 《아이는 어떻게 성공하는가》(폴 터프 지음)에서는 아이들의 성공요인으로 기질, 호기심, 성격의 비밀을 들고 있다. 책 읽기 능력도 그런 타고난 기질에서 비롯되는 것일까?

이들 질문에 대한 답은 단순하지 않다. 독서 환경이나 태생적으로 타고난 호기심의 정도 그리고 아이의 기질도 영향을 미칠 것이다. 그렇지만 분명한 것은 아이들의 독서 능력은 개선할 수 있다는 사실이다. 아이가 어떤 상태에 있든 지금보다 더 책을 좋아하고 보다 비판적으로 읽게 만들 수 있다. 물론 그 방법은 돈을 주고 읽기 시간을 사는 게 아니다.

《죽은 시인의 사회》(N. H. 클라인바움 지음)에서 키팅 선생은 말한다.

"아이들에게 사색을 가르치는 것 이상의 교육은 없다."

생각하는 능력이야말로 어떤 분야, 어떤 사회에서든 가장 중요한 능력이다. 자기 생각이 없으면 작은 바람에도 맥없이 흔들리는 나뭇가지처럼 줏대 없이 흔들리고 만다. 사고력이 커지면 책도 더 잘 읽는다.

2002년, '21세기 학습자 역량'이라는 거대한 프로젝트를 위해 미국에서 내로라하는 교육전문가, 사업가, 정책입안자들이 한자리에 모였다. 미국 교육부와 마이크로소프트, 애플, 레고 같은 글로벌기

업이 참여한 이 프로젝트의 목표는 21세기 미국의 학생에게 필요한 것이 진정 무엇인지 고민하고 해법을 찾는 데 있었다. 이 단체P21에서 특히 학습 역량의 중점사항으로 꼽은 것이 이른바 4C비판적 사고와 문제 해결력(Critical Thinking & Problem Solving), 창의적인 사고와 혁신(Creative Thinking & Innovation), 협업 능력(Collaborating), 소통 기술(Communicating)다.

우리의 교육 지향점도 이래야 하지 않을까. 우리는 좀 더 멀리 내다봐야 한다. 진정 아이들이 자신의 일과 인생에서 성공하기를 바란다면 학습자 역량을 갖춰야 하기 때문이다. 생각하는 능력과 학습자 역량을 동시에 길러주는 유일한 방법은 독서 능력 향상이다.

독서 능력을 기르는 것이 쉬운 일은 아니지만 읽는 방법을 하나씩 가르치면 충분히 가능하다. 책을 효율적으로 읽는 법을 가르치고, 책 속에서 좋은 안건을 찾아내 토론하며 글쓰기를 계속한다면 분명 지금보다 나은 결실을 거둘 수 있을 것이다. 도서 전략을 사용하는 법을 배운 아이들은 평생 독자Lifelong Reader가 될 가능성이 매우 높다.

아이의 독서흥미도 진단

이제 이 책을 계속 읽을 것인지 결정하도록 도와줄 표 하나를 제시하겠다. 내 아이의 독서흥미도를 조사하는 다음의 표에 표시하면서 스스로 어떤 상황인지 판단해보기 바란다. '전혀 그렇지 않다'가 열 개 이상이면 이 책을 아주 열심히 읽어야 한다. 다섯 개에서 열 개 사이면 필요한 대로 발췌독을 해도 괜찮다. 다섯 개 이하라면? 그냥 이 책을 내려놓아도 좋다!

이름 (   )

* 아래의 질문에 여러분의 생각을 자유롭게 표시해보라.

	나는……	항상 그렇다	가끔 그렇다	전혀 그렇지 않다
1	책 읽기는 대체로 쉬운 것이라고 생각한다.			
2	책을 읽는 것은 즐거운 일이라고 여긴다.			
3	책 읽기 과제가 있으면 힘들이지 않고 한다.			
4	한번 읽기 시작하면 끝까지 읽는 편이다.			
5	학교에서 자유 독서 시간을 즐긴다.			
6	집에서 시간이 나면 책을 읽는다.			
7	어디서든 여유시간이 생기면 책을 읽는다.			
8	책을 좋아하는 친구와 이야기하기를 즐긴다.			
9	좋은 책은 친구들에게 추천해주고 싶어한다.			
10	책을 많이 읽는 친구는 뭔가 다르다고 생각한다.			
11	책을 읽는 데 걸리는 시간이 친구들에 비해 짧은 편이다.			
12	좋아하는 저자의 책은 거의 찾아 읽는다.			
13	TV나 인터넷을 하는 시간보다 책 읽는 시간이 더 많다.			
14	주변에서 내게 책을 많이 읽는다고 말하는 사람이 많다.			
15	내 부모님은 책 읽기에 많은 시간을 쓴다.			

CHAPTER

2

독서지도의
목표

**1.
잘 읽는 아이
vs. 잘 못 읽는
아이**

글을 잘 읽는 아이와 잘 못 읽는 아이는 여러 면에서 차이가 난다. 《멧돼지와 집돼지》(조장희 지음)는 낱말 숫자가 700개 정도인 짧은 단편동화다. 요약하면 다음과 같은 내용이다.

추운 겨울날, 함박눈이 쌓여 동물들은 먹을 것을 구하기 어려웠다. 눈 덮인 산속을 헤매던 멧돼지도 민가로 내려올 수밖에 없었다. 멧돼지가 도착한 곳은 주인의 보호 아래 편안하게 살고 있는 집돼지의 우리였다. 집주인은 갑자기 나타난 멧돼지를 보고 쾌재를 불렀다.

이렇게 해서 멧돼지는 긴 겨울을 주인의 보호를 받으며 편안하게 보냈다. 하지만 봄이 오자 코끝을 간질이는 바람에 문득 자신이 살던 곳으로 돌아가고 싶어졌다. 갇혀 사는 집돼지가 측은하게 생각되어 함께 가자고 말해보았지만 편안한 삶에 익숙한 집돼지는 코웃음을 쳤다. 멧돼지도 산으로 돌아가면 먹이를 구하는 일과 호랑이나 곰 같은 사나운 맹수의 위협도 있을 것임을 잘 알고 있었다. 하지만 그에 아랑

곳없이 멧돼지는 우리를 뛰쳐나와 힘차게 산으로 내달렸다.

그런데 이 동화를 두 아이에게 읽혀보았더니 잘 읽는 아이는 3분 정도 걸리고, 잘 못 읽는 아이는 7분 넘게 걸렸다. 그리고 잘 읽는 아이가 모르는 낱말은 '다복솔' 하나인 데 반해 잘 못 읽는 아이가 모른다고 표시한 낱말은 꽤 많았다.

'동산, 쉽사리, 다다랐습니다, (돼지)우리, 쌀겨, 무쪽, 허기져서, 통사정, 죽통, 귀퉁이, 판자, 횡재, (새 판자로) 갈아댔습니다, 산비탈, 가랑잎, 칡뿌리, 먹이를 찾아 애쓰던 것이 이제 와서는 큰 재미로 생각되었습니다, 단념, 낙원, 제가 누워놓은 똥무더기, 질펀히, 가파른, 대못, 환갑 잔칫상, 아지랑이 감도는, 검불더미, 많은 고통이 따를 것입니다, 힘살은 팽팽하게 당겨졌습니다.'

별로 길지도 않은 단편동화에 모르는 낱말과 구절이 이토록 많다니. '뻔한' 주제를 담고 있는 단순한 동화에서 이 정도로 모르는 단어가 나온다면 독서력 수준이 아주 낮은 것이다.

그 외에도 이 글을 읽을 때 잘 읽는 아이와 그렇지 못한 아이는 다음과 같은 차이를 드러낸다.

읽는 시간이 짧다	VS.	읽는 데 오래 걸린다
모르는 어휘가 거의 없다	VS.	모르는 어휘가 많다
비교적 중요한 내용을 기억한다	VS.	읽고 나서 기억하는 것이 없거나 부분적인 것만 기억한다
추상 사고 수준으로 감상을 말한다	VS.	현실 수준의 사고를 드러낸다
재미있는 내용이라고 말한다	VS.	(대부분) 재미없다고 말한다

이 글을 읽고 "멧돼지가 도로 산으로 간 것은 잘한 일인가?"라는 질문을 했다. 그 결과 잘 읽는 아이일수록 생각을 정리해서 추상적인 이유를 들어 대답하고, 잘 못 읽는 아이는 현실적인 수준에서 평이한 어휘를 사용해 대답했다.

현실 사고 수준의 대답 예 "잘못했다고 생각한다"
위험하다. 상처가 난다. 먹을 게 부족하다.

추상 사고 수준의 대답 예 "잘했다고 생각한다"
자유롭게 살 수 있다, 다양한 친구를 사귈 수 있다, 자연의 아름다움과 함께한다, 삶의 어려움을 헤쳐 나가는 지혜를 얻을 수 있다.

---

2. 독서 루브릭

자기주도학습, 자기주도적 책 읽기만큼 매력적인 말이 또 있을까? 아이들이 스스로 학습하고 스스로 책을 읽으면 얼마나 좋을까? 아이들이 이렇게 하려면 필수적으로 준비해야 할 것이 있다. 그것은 수행 기준이자 자기점검을 위한 기준표를 작성하는 일이다. 이것을 영어로 루브릭Rubric이라고 한다. 심미혜는 《하루 20분, 미국 초등학교처럼》에서 다음과 같이 제안한다.

> 루브릭은 수행평가와 자기주도학습을 잘하기 위한 필수요건이지만, 우리 교육 현실엔 아직 제대로 된 루브릭이 없다. 우리의 교육은 미국의 교육 이론을 많이 도입하긴 했지만 그 이론과 반드시 함께 해야 할 구체적인 교육 방법과 평가 방법은 쏙 빼놓은 경우가 많다.
> 자기주도학습에 대해서도 알맹이가 없고 이름만 있는 혹은 껍데기뿐인 정책이 시행되다 보니 아이도 엄마도 우왕좌왕이다. 그렇게 우왕좌왕하는 틈을 비집고 들어와 자기주도학습을 잘하게 해준다는 사교육만 번성하고 있다. 비싼 학습 플래너에다 학습 계획을 짜고 학습

목표를 세우고 그 계획을 잘 따라가거나, 교과서를 보고 참고서를 보고 그 다음에 문제집을 푸는 순서에 따라 공부하며 자신이 잘했는지 체크하는 것은 진정한 의미의 자기주도학습이 아니다.

선진형의 자기주도학습은 아이가 자신의 학업을 스스로 평가하고, 무엇을 잘하고 무엇을 잘 못하고 있는지를 스스로 발견하여, 자신의 부족한 점을 스스로 보완하면서 계속 성장해가게 만들어주는 학습 방법이다.

독서지도의 목표는 '읽은 책의 내용을 잘 정리해서 기억하는 데 있다'고 여기는 사람들이 많지만 그런 방법으로는 진짜로 좋은 독자를 키우기에 한계가 있다. 인간은 망각의 동물이 아닌가. 옛날에 죽어라고 외운 영어단어가 좀처럼 떠오르지 않는 걸 생각해보면 사람의 기억력이 얼마나 믿을 게 못 되는지 알 수 있다. 그래서 독서지도를 할 때 읽은 내용을 정리하고 더 중요한 내용을 부모나 교사가 짚어주며 암기하게 하는 것으로 끝나서는 안 된다. 책을 잘 읽는 데 필요한 전략을 알려주고 그것을 내재화해 혼자 책을 읽을 때도 자동으로 실천하도록 해야 한다. 그것이 진정한 독서지도의 목표이고, 그 목표를 잘 정리한 것이 독서지도 '루브릭'이다.

루브릭 사용설명서

루브릭은 수행기준표로서의 기능과 평가기준표로서의 역할이라는 두 가지 용도로 쓰인다. 이때 수행 목표는 아이들의 자기주도학습을 돕고 평가 기준은 아이들의 수행 정도를 비교적 정확히 평가할 근거가 된다. 아울러 아이들에게 정확한 피드백을 주는 데도 중요한 역할을 한다.

약간 다른 경우이긴 하지만 토론대회가 끝난 뒤 때론 결과에 승복하지 못하는 부모나 아이들도 있다. 결과의 내용을 궁금해하거나 다음에 잘하려면 어떻게 해야 하는지 알고 싶어 하는 경우가 대부분이지만, 주최측에서 자세히 설명을 하는 경우가 드물다. 잘못하면 유별나다는 말을 듣고 속상해하는 일도 생긴다. 만약 사전에 루브릭을 제공하거나 사후에 루브릭을 평가표로 사용한 근거를 제시한다면 결과에 의문을 표시하는 일은 없을 것이다. 근거를 명확히 제시하는 것은 평가한 사람의 예의이자 진정한 교육적 피드백이다.

독서의 결과는 눈에 보이지 않는다고 말하거나 구체적인 목표를 설정하기 어렵다고 주장하는 사람들이 있다. 열심히 읽다 보면 결국엔 여러 면에서 좋은 결과를 얻게 될 것이라고 두루뭉술하게 말하는 사람들도 있다. 루브릭이 없어서 가르칠 목표도, 평가도 주관적으로 흐르는 것은 바람직하지 않다. 목표를 분명히 정해놓고 독서지도를 하라고 권하고 싶다. 그렇게 해야만 더 높은 교육적 성과를 거둘 수 있기 때문이다.

그런 의미에서 먼저 독서 루브릭을 살펴보자.

독서 루브릭

과정	항목	점수 척도			나의 점수
		3점	2점	1점	
읽기 전	미리 살펴보기	제목, 표지, 목차, 책날개, 추천사 등을 잘 살펴보고 책에 관한 정보를 미리 수집함	제목, 표지, 목차, 책날개, 추천사 등을 일부만 살펴보거나 열심히 보지 않음	제목, 표지, 목차, 책날개, 추천사 등을 거의 보지 않아 책에 대한 정보를 거의 모름	
	배경지식 점검하기	책 내용과 관련된 배경지식을 생각해보고 없으면 찾아 보충함	책 내용과 관련된 배경지식을 잠시 생각해보긴 하나 없을 경우 적극 찾아보지는 않음	책 내용과 관련된 배경지식을 전혀 생각해보지 않거나 없어도 찾지 않음	
	독서 방법 결정하기	문학과 비문학을 구별해 독서 목적을 결정하고, 자신의 배경지식 정도에 따라 어떤 속도로 읽을지 항상 미리 결정함	문학과 비문학을 구별해 독서 목적을 결정하거나, 자신의 배경지식 정도에 따라 어떤 속도로 읽을지 결정하는 것을 가끔 함	문학과 비문학을 구별해 독서 목적을 결정하거나, 자신의 배경지식 정도에 따라 어떤 속도로 읽을지 결정하지 않고 읽음	
읽는 중	중요 내용 파악하기	중요한 사람이나 장소, 정보 등 중요한 것과 그렇지 않은 내용을 파악하는 데 주의를 기울임	읽으면서 핵심적인 것과 덜 중요한 것 파악하기에 때로 주의를 기울이지 않음	읽으면서 핵심적인 것과 덜 중요한 것에 주의를 거의 기울이지 않음	
	이미지 떠올리기	책에 나오는 사람이나 장면, 사건을 그림으로 떠올리며 읽음	책에 나오는 사람이나 장면, 사건을 간혹 그림으로 떠올리며 읽음	책에 나오는 사람이나 장면, 사건을 전혀 그림으로 떠올리지 않고 읽음	
	예측하기	앞으로 벌어질 일과 결말 등을 계속 예측하며 읽음	앞으로 벌어질 일과 결말 등을 간혹 예측하며 읽음	앞으로 벌어질 일과 결말 등을 전혀 예측하지 않고 읽음	
	의문 품기	책의 내용과 형식 등에 관해 지속적으로 의문을 제기하며 읽음	책의 내용과 형식 등에 관해 가끔 의문을 제기하며 읽음	책의 내용과 형식 등에 관해 거의 의문을 제기하지 않음	
	연결하기	책 내용을 자신의 경험이나 다른 책의 내용 또는 실제 세계와 연결하며 읽음	책 내용을 자신의 경험이나 다른 책의 내용 또는 실제 세계와 가끔 연결하며 읽음	책 내용을 자신의 경험이나 다른 책의 내용 또는 실제 세계와 연결하려는 시도가 없음	
	이해 점검하기	자신의 읽기를 되돌아보며 스스로 잘 읽고, 이해하고 있는지 계속 점검하며 읽음	자신의 읽기를 되돌아보며 스스로 잘 읽고, 이해하고 있는지 간혹 점검하며 읽음	자신의 읽기를 되돌아보며 스스로 잘 읽고, 이해하고 있는지 전혀 점검하지 않음	
	표시하기	책에 밑줄·접기·하이라이팅·메모 등의 표시를 남김	책에 밑줄·접기·하이라이팅·메모 등의 표시를 가끔 남김	책에 밑줄·접기·하이라이팅·메모 등의 표시를 전혀 남기지 않음	
읽은 후	핵심내용과 요지 파악	줄거리와 주인공, 중요 장소, 정보를 잘 기억함	줄거리와 주인공, 중요 장소와 정보를 일부만 기억함	줄거리와 주인공, 중요 장소, 정보를 거의 기억하지 못함	
	주제 파악하기	저자의 의도를 충분히 파악하고 이해함	저자의 의도를 잘 파악하지 못하거나 약간 다르게 이해함	저자의 의도를 전혀 파악하지 못함	
	작품 평가하기	작품에 대해 자신만의 평가를 할 수 있음	작품에 대해 자신만의 평가를 했지만 부정확한 경우가 있음	작품에 대해 자신만의 평가를 했지만 부정확하거나 잘못됨	
총점(39점)					

3.
독서
티칭포인트
13가지

독서지도는 좋은 책을 읽히고 그 책에 담긴 내용을 습득하는 일과 앞으로 어떤 책을 읽든 평생 몸에 지닐 전략을 가르치는 일에 중점을 둬야 한다. 그래야 '읽은 아이'가 아니라 '읽을 줄 아는 아이'가 된다. 아이를 더 좋은 독자로 키우려면 잘 읽는 법을 차근차근 가르쳐야 한다.

독서지도에서 가르쳐야 할 항목은 다음의 13가지다.

(1) 읽기 전 Before Reading**─준비 세 가지**

미리 살펴보기
배경지식 점검하기
독서 방법 결정하기

(2) 읽는 중 During Reading**─독서 전략 일곱 가지**

중요 내용 파악하기
이미지 떠올리기
예측하기
의문 품기
연결하기
이해 점검하기
표시하기

(3) 읽은 후 After Reading**─정리법 세 가지**

핵심내용과 요지 파악
주제 파악하기
작품 평가하기

CHAPTER

3

읽기 전 : 준비 세 가지

1.
미리 살펴보기

Reading Teaching
Point 01

미리 살펴보기란 책을 읽기 전에 책의 외형, 즉 앞뒤 표지와 책등, 책
날개에 적힌 내용을 미리 보는 것이다. 사실 책은 외형만 살펴보아도
상당히 많은 정보를 얻을 수 있다.

　제목과 지은이, 번역자, 그림을 그린 이를 살펴보는 것도 중요하다.
서양에서는 이 부분을 중요하게 여겨 어린아이들에게 책을 읽어줄 때
자세히 알려준다고 한다. 이는 책을 만든 이들에 대한 예의이자 저작
권을 가르치려는 목적을 담고 있기도 하다. 표절에 대해 상대적으로
덜 엄격한 우리 사회에서 이건 좀 의아할 수도 있지만, 저작권이나 표
절을 엄격하게 다루는 서양의 사회적, 문화적 배경에서는 당연한 일
이다.

　혹시 추천사가 있다면 그것도 읽는 것이 좋다. 누가 어떤 목적으로
그 책을 추천하는지도 책을 평가하는 중요한 정보다. 그리고 머리말
을 미리 읽어두면 책을 판단하는 데 큰 도움이 된다.

책을 펼쳐 대충 본문을 살펴보는 것도 괜찮다. 이때는 가급적 글에서 핵심어를 찾아가며 읽되 정상 속도보다 세 배 내지 네 배 빨리 읽는다. 첫 단락과 마지막 단락을 읽어보거나 요약이 있으면 그것만 읽어도 무방하다. 각 장의 첫 문장이나 제목, 머리말 등만 읽을 수도 있다. 이해를 목적으로 하는 것이 아니라 미리 살펴보는 활동이므로 정보를 찾을 때처럼 대충 훑어보면 된다.

또한 읽으려는 텍스트가 어떤 구조를 취하고 있는지 알아보는 것도 좋다. 글의 짜임새를 알고 있으면 이해가 훨씬 쉽다. 아이들이 읽는 책은 주로 정보책이지만 눈높이를 맞추기 위해 읽기 쉬운 이야기 구조를 취하는 경우가 많다. 따라서 이야기에 빠져 중심내용을 잊지 않도록 주의해야 한다. 가령 학습만화를 읽을 경우에는 재미있는 이야기는 길게, 중요한 정보는 마지막에 아주 짧게 붙어 있다는 점을 알고 있어야 효과적으로 읽을 수 있다.

이처럼 책과 처음 만날 때는 예의를 갖춰야 한다. 무턱대고 본문의 첫 쪽부터 읽게 하지 말라는 얘기다. 이는 향기 좋은 차를 마실 때 훌훌 마시기보다 먼저 코끝에서 향기를 음미한 뒤 즐기는 것과 같은 이치다. 책을 미리 살펴보면 우리의 눈과 마음이 그 책을 받아들일 준비를 한다.

2. 배경지식 점검하기

읽고자 하는 글과 관련해 알고 있는 것이 있으면 훨씬 잘 읽을 수 있다. 언젠가 여행서를 읽으며 '여행기는 여행을 한 후에 읽는 책이로구나' 하는 생각을 한 적이 있다. 요즘은 블로그가 일상생활에서 차지하는 비중이 워낙 크다 보니 낯선 곳을 여행하려 할 때 인터넷 검색으로 미리 정보를 얻는 경우가 많다. 그런데 한 번도 가보지 않은 낯선 곳은 그 정보를 이해하고 받아들이기가 쉽지 않다. 블로그 글 자체에 정보가 부족한 경우도 많지만, 때론 다양한 각도에서 찍은 여러 장의 사진을 보아도 이해하기가 어렵다. 그런데 여행을 다녀온 후에 추억을 떠올리며 그 블로그에 다시 가보면 어찌 그리도 이해가 쉬운지 그저 신기하기만 하다. 심지어 사진에 일부만 찍힌 나뭇등걸만 봐도 전체를 유추해내는 신기를 발휘한다.

이처럼 우리는 아는 만큼 본다. 마찬가지로 아는 만큼 읽는다. 따라서 책을 읽기 전에 '미리 살펴보기'를 통해 그 책이 전달하고자 하는 내용을 알아채고 그와 관련해 자신이 아는 것을 떠올리는 일은 매우 중요하다.

배경지식은 책의 저자와 주제로 나눠 생각해보는 것이 좋다.

먼저 저자의 개인적인 정보, 저자가 쓴 다른 책 그리고 그 책의 제목 및 내용과 느낌을 떠올려본다. 그다음엔 읽으려고 하는 책의 내용과 관련된 주제다. 정보책은 이 부분이 특히 중요하다. 자신이 이미 알고 있는 것이 무엇인지 천천히 짚어봐야 그 책을 어떻게 읽을 것인지 좀 더 효과적으로 결정할 수 있다.

그 분야와 관련해 도저히 아는 것이 없다면? 동영상을 검색하거나 관련된 이야기를 다른 사람에게 물어보라. 인터넷을 검색하는 것도 좋다. 그렇게 준비하면 더 잘 읽을 수 있다.

3. 독서 방법 결정하기

책을 미리 살펴보고 그 책을 읽기에 적절한 배경지식을 얼마나 갖추고 있는지 스스로 알아보았다면, 이제 어떻게 읽을지 결정해야 한다. 길을 떠날 때도 목적지까지의 거리 및 시간을 알고 가는 경우와 그렇지 않은 경우는 마음자세부터가 다르다. 알고 가면 그만큼 빠르고 정확히 갈 수 있다. 마찬가지로 책을 읽을 때도 마치 이정표처럼 목적을 세우고 출발하는 것이 좋다. 책 읽기에서 이정표를 세우는 일이란 '독서 방법 결정'을 말한다.

우선 책의 종류에 따라 읽는 목적을 정한다. 아이들이 읽는 글의 종류는 크게 이야기 글, 정보 글, 주장 글로 나눌 수 있다. 이야기 글은 간단히 '독자여, 이런 상황에서 인간은 이렇답니다'라고 알려주는 글이다. 정보 글은 '독자여, 이것에 대해 잘 알아두면 삶에 도움이 됩니다', 주장 글은 '독자여, 제 생각은 이런데 여러분도 동의합니까?'라고 보면 된다.

따라서 이야기 글을 읽을 때는 감동을 얻기 위해 어떻게 읽어야 할지 생각해야 하고, 정보 글을 대할 때는 어떤 정보가 어디에 얼마나 있는지 알아내겠다는 계획이 필요하다. 주장 글을 읽을 때는 저자의 주장을 파악하고 자신과 비교하겠다는 결심을 해야 한다. 미리 생각하거나 계획을 세우고 글을 읽는 것과 아무 생각 없이 글을 읽는 것에는 큰 차이가 있다(이야기 글, 정보 글, 주장 글에 대한 상세 설명은 51~56쪽 내용 참고).

읽는 목적을 결정한 뒤에는 자신이 어느 정도의 속도로 책을 읽을지 곰곰이 생각해봐야 한다. 배경지식이 풍부하고 잘 아는 분야의 책은 좀 빨리 읽어도 좋다. 그 반대의 경우에는 자신이 받아들이는 능력에 따라 속도를 조절해야 한다. 만약 몹시 어려운 책이고 그래도 읽어야 한다면 그에 맞는 속도를 미리 계산하는 것이 바람직하다. 내용을 차분히 알아가겠다는 기본자세를 잃지 않으면 스스로 속도를 조절할 수 있다.

이러한 과정은 처음엔 불편하고 괜한 시간낭비 같다는 생각이 들지도 모르지만, 습관이 들면 아이들은 '아주 짧은 시간에 책을 쓱 훑어보고 어떻게 읽어야 할지 순간적으로 판단한 후' 읽는다. 진정으로 좋은 독자는 성인이 되어서도 이렇게 읽는 사람이다. 책 읽기의 무게 중심을 어디에 둬야 할지, 어떤 방법으로 책을 소화해야 할지 모르면 세상의 모든 책을 똑같은 방법과 순서로 읽고 만다. 이 경우 쏟아지는 정보를 자신에게 유리하게 선별하고 받아들이는 능력에서 뒤처진다.

글의 세 가지 종류

글은 사용 목적에 따라 크게 세 가지로 나뉜다. 그 목적은 바로 정서 표현, 설명, 주장(혹은 설득)이다(현재 교육 과정에서는 '친교'를 추가해 네 가지로 나눈다. 친교 목적의 글이란 편지나 메모장, 소개장처럼 사람들이 서로 주고받는 글을 말한다. 이것은 말 그대로 '목적'에 관심을 두는 분류로 그 안에 정서 표현, 설명, 주장 등의 성격이 중복될 수 있으므로 이 책에서는 세 가지 관점의 읽기만 살펴본다).

정서 표현을 목적으로 하는 글에는 이야기를 비롯해 시, 수필, 극본 등이 있다. 이러한 글은 현실을 바탕으로 한 이야기, 혹은 지어낸 이야기 속에 저자가 인생의 다양한 면을 서술한다. 설명을 목적으로 하는 글에는 각종 설명문, 안내문, 매뉴얼 등이 있다. 이런 글에서는 사람들이 공유할 만한 가치가 있는 글을 어떤 방법으로 전달하는지 알아내야 한다. 주장을 목적으로 하는 글은 저자가 생각하는 내용을 서술해 읽는 사람을 설득하려는 글이다. 대표적으로 신문 사설이 있고 기타 논설문이 여기에 속한다.

이처럼 글은 제각각 목적이 다르며 그것을 효과적으로 읽는 방법도 다르다. 그러면 공중화장실에서 흔히 볼 수 있는 다음의 손 씻기 안내문을 보고 종류별로 글의 특징이 어떻게 나타나는지 살펴보자.

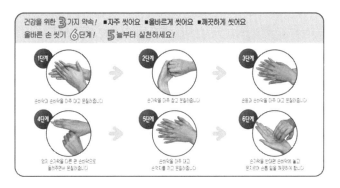

이 안내문은 손을 어떻게 씻어야 하는지 그림을 통해 순서대로 설명하고 있다.

① 손바닥과 손바닥을 마주 대고 문질러줍니다 → ② 손가락을 마주 잡고 문질러줍니다 → ③ 손등과 손바닥을 마주 대고 문질러줍니다 → ④ 엄지손가락을 다른 편 손바닥으로 돌려주면서 문질러줍니다 → ⑤ 손바닥을 마주대고 손깍지를 끼고 문질러줍니다 → ⑥ 손가락을 반대편 손바닥에 놓고 문지르며 손톱 밑을 깨끗하게 합니다

그러면 위에서 제시한 네 가지 글의 종류 중 '이야기' 형식, '설명문' 형식, '설득문' 형식을 예문과 함께 살펴보자.

1. 생동감 넘치는 이야기 글

이야기 글은 가공의 인물과 작가가 상황을 만들어 그 안에 자신이 말하고 싶은 주제를 나타내는 글이다.

저는 세균이랍니다. 사람들의 눈에는 보이지 않지만 제 친구들은 종류도, 숫자도 많아서 만나기만 하면 늘 재미있게 논답니다.

우리는 굉장히 부지런해요. 또 여기저기 이사 다니는 것을 몹시 좋아하지요. 사람들이 얼굴을 마주칠 때나 악수할 때 다른 사람의 몸으로 잽싸게 옮겨가지요. 사람들이 기침이나 재채기를 할 때는 얼른 몸 밖으로 일제히 튀어나옵니다.

그런데 요즘 우리에게 고민이 생겼답니다. 다른 사람의 몸으로 가기가 어려워졌거든요. 전에는 사람들이 기침이나 재채기를 할 때 손으로 막지 않았고 손을 잘 씻지도 않았어요. 그래서 손에 묻어 있다가 다른 사람과 악수를 하면 얼른 옮겨갔지요. 그 손으로 음식을 집어먹으면 신나게 몸속 탐험을 하고요.

우리가 할 수 있는 일은 무궁무진하답니다. 사람이 감기에 걸리게 하는 것은

식은 죽 먹기지요. 배탈 나게 하거나 염증이 생기게 하는 일도 땅 짚고 헤엄치기랍니다.(후략)

어떤가. 같은 내용이라도 생동감이 느껴지고 머릿속에 쏙쏙 들어오지 않는가! 누구라도 앞에 제시한 안내문과 전혀 다른 느낌을 받을 것이다. 이야기는 현실에서 있음직한 일을 허구로 만들어낸 것으로 만드는 이의 상상력에 따라 내용이 무궁무진하게 펼쳐진다. 따라서 사실 여부를 따지기는 어렵지만 독자의 눈길을 사로잡고 글을 끝까지 읽게 만드는 흡인력 측면에서 다른 어떤 유형의 글보다 큰 강점을 지니고 있다.

2. 빈틈없고 정확한 설명 글

설명 글은 사실을 담고 있고 그 목적이 내가 아는 지식과 정보를 다른 사람에게 전달하는 데 있다. 위의 안내문을 설명 글로 구성하면 이렇게 달라진다.

손을 씻는 방법을 설명하겠습니다. 우선 수돗물을 틀어 손에 물을 묻히고 비누거품을 충분히 냅니다. 처음에는 손바닥과 손바닥을 마주 대고 문지릅니다. 손금에 쌓인 먼지까지 말끔히 씻어내는 기분으로 약간 힘주어 문질러야 합니다. 그리고 손바닥에 다른 쪽 주먹을 대고 손가락 등이 닿게 한 다음 문지릅니다. 손을 바꿔가며 계속합니다. 그다음에는 한 손을 다른 손 위에 얹어 손가락 사이가 깨끗해지도록 합니다. 양손을 번갈아가며 합니다. 이어 엄지손가락을 잡고 돌려가며 씻습니다. 양손을 깨끗이 씻은 후에는 손바닥을 마주 대고 손가락 사이를 깨끗이 씻습니다. 마지막으로 손톱 밑에 낀 때를 씻어냅니다. 손바닥을 펴고 손가락을 세워 문지르는 일을 양손을 번갈아가며 합니다. 그 후 수돗물에 대고 손에 남은 비눗기를 깨끗이 제거합니다. 이렇게 하면 손 안의 세균이 거의 남아 있지 않을 만큼 깨끗해집니다.

이처럼 설명 글은 완벽하게 맞춰진 퍼즐조각처럼 빈틈이 없고 정확한 것이 장점이다.

우리가 설명 글을 읽는 주된 이유는 바로 지식을 습득하기 위해서다. 지식은 지식 위에 쌓인다. 따라서 선행 지식이 없으면 관련 지식을 얻기가 힘들다. 얼마 전 어느 영어학원에서 이른바 '몰입교육immersion education'을 시도했다. 그런데 배경지식이 뒷받침되지 않은 채로 미국의 역사, 사회 과목 등을 공부하려다 그저 주변 단어나 공부하다가 말았다고 한다. 학교 공부를 비롯해 모든 분야의 지식은 사전에 배경지식을 갖추고 있어야 한다. 그런 의미에서 다양한 분야에 걸쳐 기초 지식을 습득할 수 있도록 열심히, 가능한 한 많이 읽도록 독서를 권장해야 한다. 그래야 다음 단계의 공부도 잘해낼 수 있다.

설명 글을 읽어야 하는 또 다른 이유는 설명적 텍스트의 구성 방식을 습득할 수 있기 때문이다. 설명 텍스트의 구조는 이야기 글의 구조와는 확연히 다르다. 학생들이 글을 읽고도 전체의 의미를 파악하지 못하는 데는 다음의 세 가지 이유가 있다.

첫째, 학생들이 저학년 때 주로 이야기 교재를 접한다.
둘째, 설명적 자료를 조직하는 방식에 대한 경험이 많지 않다.
셋째, 어떤 정보가 다른 정보보다 왜 더 중요한지 그 까닭을 알지 못한다.

그러면 요즘 교과서는 딱딱한 정보 글보다 이야기나 만화, 그림 등으로 구성되어 있으니 걱정하지 않아도 될까? 아니다. 만화와 재미있는 이야기 글로 이해를 돕는다 해도 그 단원에서 정확히 알고 넘어가야 할 부분은 개념이고, 개념 학습은 어려울 수밖에 없다.

흔히 핀란드의 읽기 교육이 뛰어나다고 하는데 그곳에서는 어릴 때부터 정보책 읽기 기술을 열심히 가르친다. 미국에서도 백과사전을 뒤적이는 게 아니라 구글링으로 대체한 읽기 환경을 조성해 순수 이야기책보다 정보책 읽기 교육의 비중이 늘었다고 한다. 우리도 문학 작품 위주의 독서지도 현장을 되돌아보고 정보책 읽기 지도에도 좀 더 관심을 기울여야 한다.

3. 상대의 마음과 행동을 바꾸는 주장 글

주장 글은 내 주장을 펼쳐 상대방의 마음이나 행동을 바꿀 목적으로 쓰는 글을 말한다.

> 건강한 생활에서 가장 기본적인 것은 손 씻기입니다. 손 씻기는 자신의 건강 유지를 위해서는 물론 다른 사람에게 불편을 주지 않기 위해서도 꼭 해야 하는 일입니다. 손을 잘 씻으면 세균 감염을 막을 수 있습니다. 세균이 옮겨 다니는 경로는 주로 네 가지입니다. 얼굴과 입이 맞닿을 때, 직접 껴안을 때, 수혈 그리고 공기 중으로 전염이 일어납니다.
>
> 이를 방지하려면 손을 깨끗이 씻어야 합니다. 우리는 손을 많이 사용합니다. 얼굴을 만지고 문지르는 것은 기본이고 수많은 물건을 집거나 옮깁니다. 또 몸의 구석구석까지 손이 가지 않는 곳은 거의 없습니다. 이처럼 자주 사용하는 손을 깨끗이 씻지 않으면 세균의 온상처가 되어 각종 질병에 노출될 염려가 큽니다. 적어도 다음과 같은 경우에는 반드시 손을 씻어야 합니다. 화장실에서 볼일을 봤을 때, 기침이나 재채기를 했을 때, 동물과 놀았거나 먹이를 주었을 때, 돈을 만졌을 때, 음식이나 음료 등 먹을 것을 준비하기 전에, 그리고 아픈 사람을 돌본 후 등입니다. 이 경우 보통 때보다 세균 감염 확률이 훨씬 높습니다. 손을 깨끗이 씻어야 자신의 건강을 지키는 것은 물론 다른 사람의 건강도 지킬 수 있습니다.

주장 글을 많이 읽을 경우 자신을 둘러싼 사회의 모습을 보다 잘 이해할 수 있다. 문제가 있는 곳에 주장이 따라오게 마련이다. 해결할 문제가 없고 구성원 모두가 행복한 사회에서는(이런 사회는 있을 수도 없지만) 논쟁이 벌어지지 않을 것이다. 누군가의 주장이 있다는 것은 그곳에 해결할 문제점이 있다는 의미다. 그러므로 주장 글을 많이 읽을수록 세상에서 벌어지는 다양한 문제를 많이 알고 관심을 넓힐 수 있다. 아울러 효과적으로 주장하는 방법도 잘 알게 된다.

또한 주장 글을 읽으면 비판적인 시각을 훈련할 수 있다. 다른 사람의 주장을 들을 때 우리는 동의할 수도 있고 그렇지 않을 수도 있다. 이를 정확히 판단하려면 상대방의 주장을 비판적으로 읽고 들을 수 있어야 한다. 어떤 주장을 어떤 근거로 펴는지, 반론의 입장에 어떤 논리로 대응하는지 따지다 보면 세상 문제에 대한 관심이 확대된다. 좀 더 뚜렷한 자신만의 주관도 생긴다.

CHAPTER

4

읽는 중:
잘 읽는 전략 일곱 가지

1.
중요 내용
파악하기

책에 쓰인 내용이 모두 중요한 것은 아니다. 저자가 글을 쓸 때는 말하고자 하는 핵심을 잘 전달하기 위해 수많은 곁가지를 붙여두기 때문이다. 이건 오로지 독자를 위한 저자의 서비스다. 어떤 글쓰기 책에서는 저자를 서비스 제공자라고 부르기도 한다. 나도 이 글을 쓰면서 이해하기 어려울지도 모른다는 생각이 드는 부분에서는 최대한 예를 들거나 비유를 하면서 부연설명을 붙이고자 노력했다. 그러므로 독자가 글을 읽을 때는 이런 부분을 걷어내고 핵심만 골라낼 줄 알아야 한다.

책을 읽을 때는 중요한 화제가 무엇인지, 저자가 정말로 하고 싶은 말을 담고 있는 문장이나 구절 혹은 부분은 어디인지에 주목해야 한다. 책을 읽다 보면 간혹 평생 간직하고 싶을 만큼 인상적인 글을 만나기도 한다. 그런 내용과 주인공 이름, 주요 등장인물, 이야기를 전개하는 중요한 장소에는 밑줄을 긋거나 표시를 해두는 것이 좋다.

이야기 글에서는 대체로 저자가 말하고자 하는 주제와 관련된 내용이 중요하다. 정보 글에서는 문단별로, 장별로 중요한 내용이 나온다. 특히 핵심개념과 관련된 내용은 많은 부연설명을 이끄는 경우가 많으므로 그 부분을 잘 찾아 읽어야 한다.

2. 이미지 떠올리기

"책을 어떻게 상상하지 않고 읽을 수가 있어요? 그림이나 장면이 떠오르지 않으면 이해할 수 없지 않나요?"

이건 책벌레로 소문난 서연이의 말이다. 하지만 많은 아이가 상상을 하면서 책을 읽지 않는다.

다음의 글을 읽으면서 머릿속으로 이미지를 떠올릴 때와 전혀 그런 노력을 기울이지 않을 때를 비교해보면 그 차이를 확실히 느낄 수 있다.

> 겁에 질린 산토끼 한 마리가 우리 앞을 쏜살같이 스치고 지나갔습니다. 뒤이어 사냥개들이 풀밭 아래쪽에 흐르는 개울을 훌쩍 뛰어넘어 토끼를 바짝 쫓아갔습니다. 녀석들 뒤로는 말에 올라탄 남자와 여자들의 행렬이 이어졌습니다. 산토끼는 풀밭 주위에 둘러쳐진 울타리의 틈을 빠져나가려고 몸부림을 쳤습니다. 하지만 미처 도망치지 못하고 사냥개들에게 잡히고 말았습니다.
> – 《아름다운 검정말 블랙 뷰티》(애너 스웰 원작, 로빈 맥킨리 지음)

글을 읽을 때 머릿속으로 그림을 떠올리는 것은 매우 중요하다. 글을 읽으면서 냄새를 맡고 눈으로 보고 귀로 듣고 손으로 만지는 것 같은 느낌을 느끼면 그 내용을 더 잘 이해할 수 있다. '이미지 떠올리기'는 정보책보다 이야기를 읽을 때 훨씬 더 강력한 힘을 발휘한다.

그런데 책을 잘 못 읽는 독자일수록 읽으면서 아무런 이미지도 떠올릴 수 없었다고 말하는 경향이 있다. 이미지를 떠올리는 것은 자연스럽게 터득하는 것이 아니고 연습이 필요하다. 이미지가 떠오르지 않는 것은 대개 배경지식이 부족하거나 낱말을 이해하지 못하는 데서 비롯된다.

머릿속으로 상상이 가능하다는 것은 독자에게 관련 경험이 있다는 뜻이다. 또한 저자의 말을 이해하고 받아들여 자신이 가진 지식과 결합시켰다는 뜻이기도 하다. 피자를 먹어본 경험이 없거나 바다에 한 번도 가본 적이 없으면 피자 냄새를 느끼는 것도, 바다를 묘사한 글에서 실제 바다 모습을 떠올리는 것도 어렵다.

주인공의 모습을 상상하고 장면을 머릿속으로 그리거나 사건의 진행 상황을 만화처럼 그리며 읽으면 이야기가 훨씬 생생하게 다가온다.

3. 예측하기

Reading Teaching
Point 06

예측하기란 읽기 전에 무엇에 관한 것일지, 어떤 정보나 사건이 포함되어 있을지 미리 짐작해보는 것을 말한다. 예측한 다음에는 읽으면서 자신의 예측과 비교 및 판단하고 그 예측을 수정하며 읽는다. 이러한 전략은 아이들이 텍스트에 몰두하게 하고 또 적극적인 자세로 읽게 만든다.

예측하기는 책을 읽기 전뿐 아니라 읽는 중이나 읽은 후에도 계속할 수 있다. 예측하기를 가르치는 좋은 방법 중 하나가 'think-aloud'다(머릿속의 생각을 전부 말로 표현하는 이 방법은 꼭 예측하기 전략을 가르칠 때만 유용한 것이 아니고 언제든 사용할 수 있다).

"먼저 표지를 보고 추측해봤어. 음, 내 생각에는 이 표지에 나오는 고래가 육지로 나와서 누군가를 만날 것 같아. 그리고 그 둘이 친구가 되는 이야기일 거야. 전에 《아모스와 보리스》(윌리엄 스타이글 지음)를 읽은 기억이 나네. 그 이야기와 비슷할 것 같은데."

"어, 내가 생각한 것과 다르네. 그럼 이야기가 어떻게 될까?"

"주인공이 이런 행동을 하다니 놀랍군. 다음 장에선 엉뚱한 실수를 하지 않을까?"

"결말이 내가 처음에 상상하던 것과 많이 다르네. 그래도 이 책의 결말이 그런대로 마음에 들어. 왜냐하면 주인공이 행복해졌기 때문이야. 나는 이 주인공이 불행하게 될 줄 알았거든."

책을 읽기 전이나 읽는 도중에 예측하기를 계속하면 책을 더 재미있게, 능동적으로 읽을 수 있다. 읽는 동안 자신의 예측이 맞으면 기쁘게 계속 읽고 그렇지 않을 경우에도 또 다른 호기심을 유지할 수 있기 때문이다.

4. 의문 품기

책은 즐겁고 재미있는 이야기를 통해 자연스럽게 용기, 자제력, 인내심, 자기훈련, 성실함, 관대함, 공감 능력, 정직 등의 덕목을 가르친다. 좋은 작품을 읽으면 우리는 사람들이 어떤 환경에 처할 수 있는지, 어떤 사고와 행동을 하는지, 자신에게 닥친 어려움을 어떻게 이겨내는지 등을 알게 된다. 우리는 바로 이런 점에 주목해 그것이 과연 올바른지, 다른 길은 없는지 의문을 품고 스스로 질문해볼 필요가 있다.

책 읽기를 통해 우리는 개인의 삶의 덕목뿐 아니라 한 사회나 국가가 나아갈 길에 대한 교훈도 얻는다. 문학 작품을 읽다 보면 역사적, 시대적 배경은 물론 한 개인이 자신을 둘러싼 주변 환경과 어떻게 관계를 맺고 사는지 이해하게 된다. 더불어 그 사회가 정말로 좋은 사회인지, 좋은 사회가 아니라면 어떤 면에서 그러한지, 그 문제를 해결할 방법은 무엇인지 등을 생각해본다. 진정한 독자는 책을 읽으면서 이런 것에 관해 스스로 질문을 떠올린다.

그래서 책을 읽을 때는 특히 어떤 한 개인의 삶에 주목해 그의 문제 해결법이나 사고방식 등에 의문을 품는 것이 좋다. 또한 한 개인을 둘러싼 사회적 배경에 대해 의문을 품으면서 읽으면 작품을 훨씬 더 깊이 이해할 수 있다. 아래의 예처럼 읽으면서 계속 의문을 품으면 훨씬 깊이 있게 생각하며 독서할 수 있다.

옛날 어떤 나라에 딸들이 나이가 차서 출가하는 경우를 빼고는 9대를 내려오는 동안 단 한 자손도 집을 나간 일이 없는(사실일까?) 행복한 집안이 있었다고 한다(그런데도 행복하다고 할 수 있는가?). 이 사실이 널리 알려져(아무도 나가지 않았는데, 어떻게 알려졌지?) 결국 그 나라의 임금님도 그 일을 알게 되었다. 임금님은 그 집으로 신하를 보내 그토록 화목하게 살아가는 비결을 알아오게 했다(정말로 화목한지 어떻게 알지?).

또한 책의 전체적인 구성에 관해서도 질문을 해야 한다. 모티머 J. 애들러 박사는 《생각을 넓혀주는 독서법》에서 책을 능동적으로 읽는다는 것은 "스스로 답을 찾아야 할 질문을 던지며 읽는 것"이라고 정의했다. 그렇다면 과연 어떤 질문을 해야 할까? 이 의문에는 애들러가 제시한 네 가지 질문 유형이 도움을 줄 것이다.

첫째, 그것은 무엇에 관한 책인가?

둘째 무엇을, 어떻게 자세히 이야기하고 있는가?(목적과 방법)

셋째, 맞는 이야기인가?(비평)

넷째, 그래서?

이러한 질문은 작품 읽기가 내용 파악으로 그치는 것이 아니라 색다른 자기 해석이나 행동이 따르도록 유도한다. 한마디로 책이 자신에게 어떤 의미로 다가왔는지 생각하며 읽게 한다. 또한 질문은 책의 외형적인 문제와 전체적인 구조를 살펴보게 한다.

연결하기란 읽고 있는 내용을 자신의 경험과 연결하는 것을 말한다.

전에 지인과 함께 국회의사당 앞을 지나다가 재미있는 경험을 했다. 자동차를 타고 가는 길인데, 국회 앞에 '한국사교육 어떻게 할 것인가'라는 현수막이 걸려 있었다. 순간적으로 "국회에서 왜 사교육 얘기를 할까?"라고 했더니 지인이 박장대소했다.

"한국 사교육이 아니라 한국사 교육이에요."

띄어쓰기를 하지 않은 탓도 있지만 워낙 사교육이 이슈이다 보니 그 배경지식이 저절로 현수막을 보는 데 영향을 미쳤던 것이다.

글을 읽다 보면 머릿속에 있는 지식이 저절로 떠오른다. 독서로 터득한 지식은 현재의 글과 적절히 결합해야 이해력이 높아진다. 특히 읽기 전이나 읽는 과정에서 잠시 멈추고 아는 것을 떠올리면 읽기가 훨씬 수월해진다. 배경지식과 연결하는 방법에는 두 가지가 있다.

① 자신과 연결하기

이 주제에 대해 나는 얼마나 알고 있는가?

이 제목을 보고 어떤 생각이 드는가?

이 글은 어떤 경험을 떠올리게 하는가?

내 감정과 저자의 감정은 어떻게 같고 또 어떻게 다른가?

② 다른 텍스트와 연결하기

전에 이 저자의 다른 책을 읽은 적이 있는가? 그때 무엇을 알게 되었는가?

비슷한 다른 책은 무엇인가?

같은 내용을 다룬 책은 또 무엇이 있었는가?

유능한 독자는 자신이 읽고 있는 내용을 잘 이해하고 있는지 점검하며 읽는다. 이처럼 자신의 이해를 점검하는 뇌 기능이 바로 초인지 Metacognition다. 이 말은 '한 단계 고차원'을 의미하는 메타meta와 '어떤 사실을 안다'는 뜻의 인지cognition를 조합한 단어로, 자기 생각을 비판적으로 바라보고 한 차원 높은 데서 자신을 객관적으로 바라보는 능력을 말한다.

초인지가 발달한 아이는 무조건 읽어 나가는 것이 아니라 자신이 어느 정도로 이해하며 읽는지 점검하고, 언어나 텍스트 구조에도 계속 관심을 기울인다. 다시 말해 무턱대고 책에 몰입하지 않고 한 차원 높은 곳에서 자신을 내려다본다.

독서에서 초인지 과정을 활용하는 방법에는 이해 점검하기와 되읽기Check for Understanding and Rereading의 두 가지가 있다. 좋은 독자는 읽으면서 자주 또는 간혹 자신의 이해 과정을 꼼꼼히 점검하는데, 이는 자기 자신을 체크하거나 모니터링하는 것을 의미한다. 책을 읽으면서 '내가 지금 잘 이해하고 있는가?'라는 질문을 자주 떠올리는 것이 좋다. 그러다가 자신이 어떤 일이 일어나고 있는지, 중요한 정보가 무엇인지 모르고 있다는 생각이 들면 그 문제를 해결할 방법을 적극적으로 찾아야 한다.

7.
표시하기

더러 책을 신줏단지처럼 모시는 아이들이 있다. 이름을 쓰는 것도 꺼리고 책에 밑줄을 긋거나 메모하는 것도 아주 싫어한다. 물론 그 아이들에게도 이유는 있다. 예를 들어 어렸을 때 사촌에게 책을 물려받아 읽었는데 무언가 흔적이 남아 있어 몹시 불편하고 싫었던 경험이 있는 경우다. 그래서 자기는 누군가에게 깨끗한 책을 물려주고 싶다는 거다. 더러는 무엇이든 깨끗한 것을 좋아하는 아이도 있다. 책도 그런 상태가 좋다며 조심스레 다룬다. 부모가 책을 깨끗하게 읽기를 권하는 경우도 있다. 드물지만 나중에 중고로 팔 때를 대비해 책을 깨끗하게 보라는 거다. 물론 옛날에는 책이 귀해서 교과서를 받으면 달력이나 다른 종이로 겉표지를 싸곤 했다. 하지만 나는 책을 깨끗이 보는 것에 찬성하지 않는다.

'깨끗하다'는 건 무얼 의미할까? 읽은 책이 깨끗할 때 우린 무얼 얻을 수 있을까? 깨끗한 책도 내 책이라고 말할 수 있을까? 내 책을 물려받을 사람을 위해 책을 깨끗이 봐야 한다는 것이 과연 합리적이고 현명한 생각일까? 그렇지 않다. 다시 한 번 말하지만 책 읽기는 곧 생각하기다. 생각을 할 때 그 생각의 원천인 구절과 장면에 표시를 해두는 것은 바람직한 자세다. 그렇게 표시한 후 그 옆이나 아래의 여백에 자기 생각을 메모해두면 그 책은 그야말로 자신의 정신적 유산으로 남는다. 여백에 자기 생각이 담긴 그 책은 온전히 자기 것이 된다.

한 번 읽었다고 다시는 그 책을 읽지 않을까? 살다 보면 또다시 그 책을 들춰볼 때가 있다. 아이들은 더욱더 그렇다. 언제든 다시 책과 만났을 때 자신이 그어놓은 밑줄, 접어놓은 귀퉁이, 기록한 메모는 굉장히 반갑고 정겨운 느낌을 준다. 그렇게 표시해둔 부분만 다시 읽어도 책의 내용이 새록새록 떠오른다.

얼마 전에 《김구: 아름다운 나라를 꿈꾸다》(청년백범 지음)를 중고로 산 세민이가 깔깔거리며 말했다.

"선생님, 이 책 주인 때문에 웃겨 죽을 뻔했어요."

책을 건네받아 살펴보니 과연 세민이가 그럴 만했다. 여러 가지 색상의 형광펜과 볼펜으로 온갖 곳에 의미 없는 줄을 긋고 별표도 하고, 어디까지 읽었다고 표시까지 해둔 책이었다. 전문가의 말에 따르면 책에서 중요한 정보는 최대 38퍼센트를 넘기 어렵다고 한다. 법전이나 논문, 중요한 정보가 담긴 책이 아니라면 말이다. 물론 어디에 밑줄을 그을지 결정하는 것이 쉬운 일은 아니다. 책을 읽어도 중요한 내용과 그렇지 않은 내용을 구별하지 못하는 아이들도 많다.

독서법으로 유명한 모티머 J. 애들러 박사는《독서의 기술How to read a book : The art of getting a liberal education》에서 이렇게 말한다.

"책에 표시를 하는 것은 훼손이 아니라 사랑이다. 이는 진정으로 자신의 책임을 인정하는 것이며 적극적으로 읽었다는 흔적이기도 하다. 책에 표시를 해야 하는 이유에는 세 가지가 있다. 첫째, 깨어 있게 한다. 둘째, 책 읽기는 생각하기인데 생각은 말이나 글로 표현하는 것이 더 좋으므로 글로 그 흔적을 남겨야 한다. 셋째, 나중에 저자의 말이나 그 말에 따른 자기 생각을 잘 기억할 수 있다. 따라서 친구나 아는 사람이 책을 빌려달라고 해도 절대 빌려주면 안 된다. 책은 자신의 지적 여행기, 곧 자신의 머리와 가슴을 담은 자기 자신이기 때문이다.

애들러 박사가 실천한 방법이자 권유하는 표시하기 방법

밑줄 긋기 중요한 낱말이나 구절에 긋기
여백에 세로로 줄긋기 메모할 내용이 많거나 약간 긴 문장을 강조하고 싶을 때
별이나 다른 기호 그리기 강조하고 싶은 곳에 자신만의 문양 그려 넣기
여백에 숫자 쓰기 일련번호로 정리할 필요가 있는 것
다른 페이지 숫자 쓰기 다른 쪽의 내용과 관련된 것이 있을 때 숫자를 쓰고 연관 내용 메모하기
동그라미 핵심어나 구절에 동그라미 그리기
여백, 앞뒤 공백에 메모하기 자신이 읽고 생각한 것을 메모하거나 자신만의 목차를 다시 정리하기

책을 진정으로 소유하고자 한다면 책을 사야 한다. 사는 것으로 그치면 안 된다. 적극적으로 읽고 자기 것으로 만들어야 한다. 쇠고기를 산다고 자기 것이 되는가? 고기를 먹어서 자기 몸속으로 들어가야 진정으로 자기 것이 되는 것과 같은 이치다."

다음은 《조금만, 조금만 더》(존 레이놀즈 가디너 지음)에서 찾은 좋은 글귀다. 이런 문장을 만나면 밑줄을 긋거나 표시를 해둘 것을 권한다.

• 갚을 수 없을 때는 도움을 받는 게 아니다. 특히 친구의 도움은 그렇단다.
• 질문을 안 하면 어떻게 배울 수 있을까? 책을 찾아봐도 없으면 네가 품고 있는 질문이 정말 좋은 질문이라는 뜻이다!
• 세상에는 목숨을 바칠 가치가 있는 일들이 있다.

좋은 글귀에 밑줄을 긋는 연습은 처음부터 잘할 수 있는 게 아니다. 이것은 계속 시행착오를 겪으면서 반복해서 터득할 수밖에 없다. 접고 표시하고 메모지를 붙이는 독서법이 책을 읽는 올바른 자세다. 우리 모두 자신 있게 접고 밑줄을 긋고 형광펜으로 표시하고 접착식 메모지를 붙이는 독자가 되어야 한다.

CHAPTER

5

읽은 후 : 읽은 것을 내 것으로 만드는 방법 세 가지

1.
핵심내용과
요지 파악하기

이야기책과 정보책은 그 주제와 서술 방식이 다르기 때문에 핵심 주제 및 진술 방식에서 많은 차이가 난다. 그 점을 염두에 두고 각각의 글에서 핵심과 요지를 파악할 때 무엇을 알아야 할지 알아보자. 이러한 내용 정리를 아이들 스스로 하게 하면 다른 책을 읽을 때도 많은 도움이 된다.

(1) 이야기책

《우리 엄마는 여자 블랑카》(원유순 지음)를 읽고 토론을 할 때였다.

그때 이런저런 일로 마침 책을 읽지 않은 아이가 있어서 다른 아이들이 그 아이에게 줄거리를 들려주었다. 사실 이 책은 베트남 여성 리엔이 한국에 와서 고생은 하지만 의미 있는 삶을 찾는다는 다문화 가족의 이야기다. 그런데 아이들은 구성원의 아픔을 제대로 읽지 못했고 '하나가 일러서 아빠가 때렸다', '발을 씻기라고 했다', '나쁜 아빠다' 같은 부분적인 이야기에 집착해 산만하게 전개했다. 아빠가 하나 엄마에게 발을 씻기라고 한 것은 그 아빠의 성격을 드러내는 에피소드에 불과했지만, 아이들은 그 단순 동작에 집중해 전체를 보지 못했다. 이야기책을 이런 식으로 읽으면 곤란하다. 이야기를 좀 더 깊게, 입체적으로 바라볼 필요가 있다.

한 개인이 살아가는 올바른 삶의 모습이 한 가지 방식으로 정해져 있는 것은 아니다. 그렇지만 개인적인 차원에서, 사회 공동체의 일원으로서, 세계 공동체의 일원으로서 우리에게 주어지는 의무는 있다. 개인적으로는 도덕적인 기준을 분명히 하고 공동체 안에서는 자기 역할에 충실하며 세계인으로서는 세상을 자각하며 살아야 한다.

삶의 지향점을 이런 곳에 두고 살아가려면 책을 읽으면서 다른 사람의 삶과 잘 만나야 한다. 특히 이야기책은 다른 사람이 어떻게 살고 있는지, 그 안에서 어떤 일이 벌어지는지 등 다른 사람의 삶을 엿보는 재미를 선사한다. 동물에게 친절하게 대하기, 자연 환경을 소중히 여기며 지켜 나가야 하는 의무, 다른 사람에게 존경과 배려를 잊지 않아야 한다는 점 등도 모두 책 읽기를 통해 배울 수 있다. 아동용 이야기책에는 특히 이런 삶의 덕목이 넘치게 들어 있다. 그리고 그런 점이 아이들의 성장을 돕는다.

물론 아이들은 때로 자신을 불편하고 힘들게 하는 인물을 만나기도 한다. 그렇지만 그런 인물이라고 해서 배울 점이 없는 것은 아니다. 반면교사라는 말처럼 아이들은 나쁜 캐릭터를 통해 그렇게 살지 말아야 한다는 교훈을 얻을 수 있다.

사실 이야기책은 아이들이 읽고 나서 재미나 감동을 느끼면 그것만으로도 충분하다. 설령 작가의 의도와 동떨어지게 이해하거나 별로 중요하지 않은 부분에서 깊은 감동을 느낄지라도 그것 역시 독자로서의 권리다. 무엇보다 살면서 수없이 읽는 것이 이야기책인데 그 모든 작품이 의도하는 바를 일일이 찾아내 분석하는 것이 옳은 방법일 수는 없다.

그럼에도 불구하고 이 책이 각각의 요소를 어떻게 알아내야 하는지에 초점을 두는 이유는 아이들이 책을 좀 더 깊이, 잘 읽도록 지도하는 방법을 안내하기 위해서다.(부록 B. 5. 깊이 있게 책 읽기 참고)

1) 인물 character 파악하기

이야기책에서 인물은 가장 핵심적인 역할을 한다. 누군가가 어린 시절에 읽은 동화책의 주인공을 말해보라고 하면 사람들은 과연 어떤 인물을 떠올릴까? 아마도 백설공주, 신데렐라, 콩쥐팥쥐, 인어공주 등일 것이다.

누구에게든 머릿속에 떠오르는 동화 속 인물이 있을 테고, 그와 함께 어렸을 때 읽은 작품의 전체적인 내용이나 감동이 새삼스레 생각날 수 있다. 이처럼 이야기 속에 등장하는 인물은 사람들의 기억에 오래 남는다. 마치 살아 있는 인물처럼 말이다. 이야기 속에 등장하는 인물이 책을 읽는 사람에게 큰 영향을 끼칠 수밖에 없는 이유가 여기에 있다.

이야기 속 인물에 공감하거나 미워하려면 그 인물을 잘 알아야 한다. 그 인물이 이야기 속에서 하는 역할이 무엇이고 어떤 처지에 놓여 있는지, 평소에 어떤 가치관을 갖고 살아가는지 알아야 한다는 얘기다. 또한 그 인물이 해결해야 할 문제나 그 문제에 대처하는 인물의 태도를 정확히 파악해야 공감 여부를 결정할 수 있다. 결국 이야기책을 읽을 때 등장인물을 잘 파악하면 글 읽기에 상당 부분 성공한 셈이다.(부록 B. 2. 등장인물 분석하기 참고)

① 중심인물과 주변인물

이야기 글 속에는 많은 인물이 등장한다. 그중에는 착한 사람도 있고 나쁜 사람도 있다. 존재감이 미약해 보이지만 사실은 주인공에게 큰 영향을 미치는 사람도 있고, 그 사람 때문에 관련 인물 모두에게 행운이 찾아오거나 반대로 불행이 닥치기도 한다. 서로 다른 사람끼리 조화를 이루며 사는 것이 우리네 삶이고, 이야기는 그 삶을 담아내므로 우리는 당연히 이야기책 속에서 다양한 인물을 만난다. 그렇다고 이야기 속에서 그 모든 인물이 중요한 것은 아니다. 어떤 인물은 그저 주인공을 부각시키기 위한 주변인물에 지나지 않는다.

② 인물의 가치관

이야기책에 등장하는 인물은 저마다 자신의 신념이나 가치관에 따라 행동하고 말한다. 작가는 그런 특성을 살려 인물을 창조하므로 똑같은 경험을 해도 각자의 생각에 따라 그 경험을 다르게 기억할 수 있다. 예를 들어 놀이공원에서 롤러코스터를 탔다고 해보자. 평소에 모험을 즐기는 친구는 굉장히 짜릿하고 즐거운 경험이자 또 해보고 싶은 기억으로 간직할 것이다. 반면 롤러코스터를 두려워하는 친구는 너무 끔찍해서 다시는 기억하고 싶지 않을 수도 있다. 이처럼 사람들은 각자가 지닌 신념이나 가치관에 따라 서로 다른 모습으로 살아가며 타인을 대한다. 이야기책을 읽을 때 이런 부분에 주목하면 인물의 내면을 이해하기가 한결 쉽다. 물론 가치관이 크게 변하는 경우도 있지만 그것은 그 인물이 변할 수밖에 없는 상황에서 벌어진다. 인물의 속마음, 내면 등을 잘 파악하는 일은 이야기를 깊이 있게 이해하는 좋은 방법이다.

③ 인물의 특성

인물의 성격을 아는 것은 이야기를 이해하는 핵심이다. 등장인물이

신중한지, 가볍고 경박한지, 거짓말을 잘하는지, 무엇이든 열심히 하는지 파악하면 이야기를 보다 잘 감상할 수 있다.

그런데 결과 위주의 독서지도를 하면 자칫 학생들에게 인물의 성격을 파악하는 법을 가르쳐주는 것이 아니라 정답을 억지로 주입할 우려가 있다. 예를 들어《흥부 놀부》를 읽고 흥부는 부지런하고 착하다, 놀부는 욕심이 많고 나쁘다는 식으로 설명하는 식이다. 이 경우 아이들이 그 작품에서는 인물을 파악할지 모르지만 다른 책을 읽었을 때 스스로 인물의 성격을 알아내는 데는 적지 않은 어려움을 겪을 수 있다.

④ 등장인물끼리 서로 미치는 영향

이야기에 등장하는 인물은 직접적이든 간접적이든 서로 관련을 맺고 있다. 결국 이야기가 말하는 것은 '관계'로 귀결된다. 실제 삶에서와 마찬가지로 이야기에서도 주변인물에게 긍정적 영향을 미치는 인물이 있고, 부정적 영향을 미치는 인물도 있다. 그러므로 등장인물이 누구에게 어떤 영향을 미치는지 잘 파악할 필요가 있다.

2) 배경setting 파악하기

이야기의 배경이란 장소와 시간을 말한다. 좀 더 넓은 의미로는 역사적 배경과 작가의 이념 등도 이야기 배경의 범주에 속한다.

이야기에 등장하는 장소는 등장인물이 실제 생각하고 행동하는 시간과 공간이므로 매우 중요하다. 작가는 주제를 전달하기 위해 알맞은 인물을 창조하고 상황이 벌어지기에 적절한 장소를 골라 이야기를 전개한다. 가령 이른 아침과 늦은 오후의 학교, 봄날 아침과 한겨울의 놀이터, 휴가철과 늦가을의 바닷가 풍경 등을 비교하면 사뭇 다른 느낌과 냄새가 느껴진다.

또한 배경은 인물을 역동적이고 진짜인 것처럼 보이게 만드는 중요한 요소다. 단순한 차원에서 보면 하루의 날씨가 인물의 행동을 바꿔놓기도 하지만, 복잡한 차원에서 보면 시간이나 공간이 이야기에 등장하는 인물의 습관 혹은 신념을 바꿔놓는 계기를 제공한다. 이처럼 시간과 공간은 이야기에서 아주 중요한 역할을 한다.

가령《마사코의 질문》(손연자 지음)을 보면 배경을 아는 것이 책 읽기에 얼마나 중요한지 알 수 있다. 이 동화집에는 일제 강점기에 우리 민족이 겪은 고난과 반성할 줄 모르는 일본인에 대한 동화 아홉 편이 실려 있다. 그런데 각 동화마다 배경이 다르다. 꽃잎으로 쓴 글자(우리나라), 방구 아저씨(우리나라, 어느 시골), 꽃을 먹는 아이들(일본, 도쿄), 남작의 아들(우리나라, 서울), 잠들어라 새야(우리나라, 부산→일본→다시 우리나라), 잎새에 이는 바람(일본, 후쿠오카), 긴 하루(우리나라, 어느 시골), 흙으로 빚은 고향(일본), 마사코의 질문(일본) 등 각기 다른 공간에서 이야기를 진행하는데 어떤 동화든 그 배경을 알아차리도록 다양한 장치를 마련해놓았다.

① 언제(시간)

장소 못지않게 중요한 것이 이야기 속의 일이 언제 벌어졌는가 하는 점이다. 옛날과 현재 일어나는 일은 그 양상이 다를 수밖에 없다. 초저녁과 이른 새벽에 벌어지는 일도 같지 않다. 이야기의 배경이 어느 시간대인지 알면 시간에 대한 상식에 기대 이야기를 더 잘 이해할 수 있다.

② 어디서(장소)

이야기의 전개 장소를 알 경우 그 이야기가 어떤 주제를 전달하는지 파악할 수 있다. 장소는 아무렇게나 정하는 것이 아니라 이야기에 등장하는 인물과 깊은 관련이 있다.

③ 이야기에서 느껴지는 감각

이야기의 세계는 무감각하지 않다. 그곳에는 우리의 시각이나 청각, 미각 등을 자극하는 것이 꽤 많다. 그런 것에 주목하면 글이 훨씬 재미있고 이해하기도 쉽다. 이야기를 통해 알아볼 수 있는 감각의 종류에는 다음과 같은 것이 있다.

- 보이는 것
- 만질 수 있는 것
- 들리는 것
- 냄새를 맡을 수 있는 것
- 맛볼 수 있는 것

④ 시대적·역사적 배경

문학 작품은 시대를 반영하는 경우가 많다. 예를 들어 역사적 사건이 이야기의 배경이면 저자는 그 시대의 다양한 상황에서 수많은 인간이 어떻게 살았는지 때론 고발하고 또 때론 증언한다. 그러므로 이야기 책을 읽을 때는 시대적 배경을 알고 그 시대의 기본적인 것을 이해해야 한다.

3) 구성plot 이해하기

구성이란 이야기 속의 사건이 서로 어떻게 연결되어 있는가를 의미한다. 저자가 이야기 글을 쓸 때는 그 성격이나 주제를 효과적으로 드러내기 위해 다양한 에피소드를 만들어낸다. 그런 다음 치밀한 계산 아래 그 에피소드들을 나열한다.

어떤 이야기도 시간의 순서에 따라 단순하게 전개하지는 않는다. 물론 옛날이야기는 예외다. 옛날이야기는 구성이랄 것 없이 그저 시간 순서에 따라 사건을 나열하는 경우가 많다. 어쩌면 그래서 어린아이들이 쉽게 이해하고 또 오랜 시간 널리 확산되는 것인지도 모른다.

그러나 문학 작품을 읽을 때는 작가가 어떤 관점에서 에피소드를 어떻게 만들고 배열했는지 알아야 좀 더 흥미진진하게 책을 읽을 수 있다. 사건이 어떤 방식으로 연결돼 있는지 알아가는 것은 책을 읽는 또 하나의 즐거움이다.

① 이야기의 기본 뼈대

이야기는 대체로 다음의 네 가지 구성 요소를 갖추고 있다.

- 발단 : 이야기의 주인공을 소개하고 배경을 제시한다.
- 전개 : 이야기를 본격적으로 전개하면서 주인공이 다양한 일을 한다.
- 절정(클라이맥스) : 이야기가 절정에 다다른다. 주인공이 어려운 상황에 처하는 등 이야기에서 가장 극적인 순간이다. '위기'라고도 한다.
- 결말 : 주인공이 모험을 끝내고 문제를 해결한다.

많은 어린이가 좋아하는 책《괴물들이 사는 나라》(모리스 샌닥 지음)의 이야기 구조도 이와 비슷하다. 이러한 이야기 구조를 '영웅담 구조'

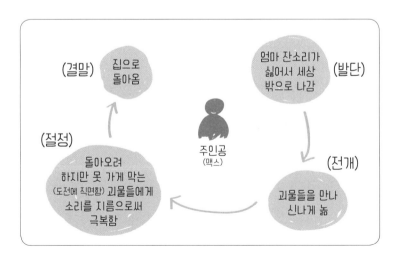

라고 한다. 어떤 계기로 주인공이 세상으로 나간다. 이내 갖은 역경과 도전에 부딪힌다. 모든 시련과 도전을 지혜롭게 극복한 다음 집으로 돌아온다. 이런 구조가 바로 그것이다.

② 문제와 해결 관계

이야기에 주인공이 해결해야 할 문제나 갈등이 없다면 이야기라고 보기 어렵다. 모든 이야기는 일종의 영웅담으로 주인공은 극복해야 할 문제를 안고 있게 마련이다. 그 문제는 때로 자신의 내부 혹은 외부에 있다. 이야기를 읽으면서 어떤 갈등이 있고 그 갈등을 어떻게 처리하는가만 잘 살펴봐도 이야기를 보다 쉽게 이해할 수 있다.

③ 이야기 지도

이야기에는 일반적으로 일정한 구조가 있다. 그 구조를 잘 이해하면 실제로 읽을 때 예측을 잘할 수 있고 주제를 파악하는 데도 도움이 된다. 이러한 구조를 그림으로 나타낸 것이 '이야기 지도Story Map'다.(부록 B. 4번 참고)

④ 이야기 구조 파악

이야기의 전체 구성 요소를 한꺼번에 파악하는 또 다른 방법이다. 부록의 표를 활용하면 좀 더 편하게 할 수 있다.(부록 B. 3. 이야기 분석하기 참고)

⑤ 내용을 좀 더 잘 이해하게 하기 위해 간단히 활동을 해보고 싶다면

이야기를 읽은 느낌이나 감상을 표현하는 방법은 매우 다양하다. 아래의 방법 중 이야기의 성격에 따라 적당한 활동을 직접 고르고 정리하면 자신의 감상에 깊이를 더하고 또 오래 기억할 수 있다.

- 이야기에 나오는 한 인물을 골라 편지를 써본다.
- 어떤 인물이 등장하는 장소를 바꾸고 싶다면 누구를 왜 바꾸고 싶은지 생각해본다.
- 가장 마음에 드는 인물은? 왜 그렇게 생각하는가?
- 이 이야기의 등장인물과 다른 이야기의 등장인물을 만나게 한다면 누구와 누구를, 왜 만나게 하고 싶은가?
- 이야기에 등장하는 한 사람을 위한 신문을 만든다. 그림과 광고, 기타 내용을 포함해서 만든다.
- 이야기를 만화로 꾸며본다. 6~8장면으로 만들고 그림도 그린다.
- 이야기의 시간과 장소를 다르게 바꿔본다.
- 일인칭 시점으로 바꿔 이야기의 한 장면이나 한 장을 다시 쓴다.
- 저자가 이 이야기를 왜 썼다고 생각하는가? 자신의 의견을 글로 쓴다.
- 신문기자가 되어 인물 중 한 명과 인터뷰한다고 생각하고 인터뷰 질문&학습 활동지를 작성한다.
- 인물 중 한 사람이 되어 자신의 경험과 느낌을 서술한다.
- 이야기를 시로 쓴다. 인물, 배경, 구성, 주제 등을 알아볼 수 있게 쓴다.
- 익숙한 노래를 하나 골라 가사를 쓴다.
- 책의 앞표지와 뒤표지를 다시 꾸민다. 표지에 들어가는 간단한 글도 써넣는다.

(2) 정보책

요즘엔 아이들의 읽기 능력을 고려해 정보 글에도 재미있는 형식이나 내용을 가미하는 경우가 많다(때로 정보보다 재미에 치우친 책도 있다). 어떤 책을 읽든 아이들은 자신이 읽는 텍스트에서 핵심 정보를 잡아내 이해해야 한다. 그것이 좋은 독서다.

얼마 전 아래의 글을 초등학교 3학년생에게 주고 문단 시작 부분에 표시하게 하면서 다섯 문단의 글임을 알게 했다. 그 후 각각의 문단마다 핵심어를 찾아보고 그것을 이용해 소제목을 붙이라고 했다.

피뢰침아, 고마워

모두들 번개가 무섭다고 하는데, 그 번개를 대신 맞으며 희생정신을 발휘하는 친구가 있어요. 바로 피뢰침이에요.

피뢰침은 집이나 고층건물을 번개로부터 보호해주는 장치이지요. 지붕이나 옥상 등 벼락이 치기 쉬운 높은 곳에 뾰족한 금속막대를 세우고 땅속에 연결하는 거랍니다.

만약 전기를 가지고 있는 구름이 가까이 오면 전기를 끌어들여 땅으로 흘려 보내 건물에 불이 나거나 파손되지 않도록 해주고, 사람과 가축도 보호하지요.

도심에 아무리 높은 건물들이 많아도 모두 피뢰침이 있다면 걱정할 일이 없겠지요? 그러므로 높은 건물이나 전기를 끌어들이기 쉬운 물체에는 반드시 피뢰침을 세워야 안전하답니다.

그리고 참고로 알아두세요. 벼락에서 안전한 범위는 피뢰침 밑에서 45도 안이랍니다.

– 《하늘에선 무슨 일이 일어나고 있을까요?》(기상청) 중

놀랍게도 아이들이 붙인 소제목은 중심 내용을 전혀 반영하지 못하는 경우가 많았다.

	비교적 정확한 답	초점에서 벗어난 답
문단 1	피뢰침	피뢰침의 희생정신
문단 2	피뢰침이란?	피뢰침아 고마워
문단 3	피뢰침이 하는 일(역할)	파손되지 않기
문단 4	세워야 하는 곳	우리를 안전하게 만드는 피뢰침
문단 5	안전 범위	피뢰침 밑에서 45도

이런 결과는 책을 읽어도 대충 읽거나 핵심을 파악하는 능력이 없음을 보여준다. 책을 읽고 스스로 중요한 내용을 찾아낼 수 없다면 정말 심각한 문제가 아닌가. 책을 잘 읽게 하려면 많이 읽는 것도 중요하지만 정확하게 읽는 법을 알려주고 연습시켜야 한다. 특히 정보책은 더욱더 그렇다.

조선교육문화센터의 학부모 독서토론 과정에서 이 사례를 듣던 한 어머니의 얼굴이 순간 굳어졌다.

"이 사례를 들으니 감이 확 오네요. 왜 독서를 많이 하면 공부를 잘한다고 하는지, 우리 아이의 문제가 무엇인지 알겠어요. 우리 아이는 읽어도 핵심을 모르는 거였어요."

말 그대로다. 책을 잘 읽는다는 것은 중요한 정보를 스스로 잘 찾아낸다는 뜻이다. 그러면 정보 글을 읽은 후에 어떤 것을 정리해야 하는지 알아보자.

1) 문단 읽기

뇌 과학자들에 따르면 우리의 의식은 대상을 인식할 때 초점과 변두리를 구분한다고 한다. 예를 들어 어디서 누군가를 만나고 돌아왔을 때 사람들은 자기의식이 초점을 둔 부분을 더 잘 기억한다. 넥타이에 관심이 많은 사람은 넥타이의 색깔이나 모양을, 헤어스타일에 관심이 많은 사람은 헤어스타일을 더 잘 기억한다.

지하철에서 임신부에게 자리를 가장 잘 양보하는 사람은 30대 남성, 직장인이라는 확인하기 어려운 소문이 있다. 꽤 설득력 있는 얘기가 아닌가. 그 연령대 남성은 임신부의 남편일 가능성이 크고, 그 점에서 그들 의식의 안테나에 임신부가 잘 잡힐 테니 말이다.

글을 읽을 때 중요한 부분과 그렇지 않은 부분을 구별하고 비교적 중요한 정보에 의식의 초점을 두면 그만큼 기억하는 데 도움이 된다.

제1부 독서: 좋은 독자 되기

특히 문단은 글 읽기와 쓰기의 기본 단위이므로 문단 수준에서부터 중요한 정보를 파악하는 능력을 길러야 한다.

① 문단의 개념

정보 글에서 가장 기초적이고 필수적인 지도는 문단의 개념 자체에 대한 이해다. 문단은 모든 읽기와 쓰기의 기본 단위이자 통일된 하나의 생각 덩어리를 담는 기초 틀이다. 문장도 생각을 담고 있긴 하지만 단편적인 것에 불과하다.

② 중요 문장과 보조 문장

한 문단은 여러 개의 문장으로 구성된다. 흔히 말하는 '중요한 내용'이란 문단 단위에서 중요한 문장을 말한다. 문단에서 다시 더 작은 단위인 문장으로 들어가면 각 문장에서 중요한 낱말과 덜 중요한 낱말을 찾을 수 있다.

또한 글에서 중요한 정보와 덜 중요한 정보를 구별하는 능력을 기를 경우 읽는 속도가 빨라지고 스스로 정리도 잘한다. 안타깝게도 훈련이 덜된 아이는 '모든 글은 똑같다'고 생각하며 읽는 경향이 있다. 중요한 부분에 밑줄을 그으라고 하면 모든 문장이나 전혀 중요하지 않은 문장에 밑줄을 긋는다. 그 아이에겐 모든 문장이 혹은 엉뚱한 문장이 중요해 보이는 것이다. 정보 구별 능력은 모든 글이 똑같이 중요한 정보를 담고 있는 게 아니라는 사실을 인지하는 데서부터 시작된다.

③ 중심 문장의 위치

문단은 중심 문장과 보조 문장으로 구성된다. 중심 문장은 그 문단의 전체 내용을 포괄해 나타내는 일반적인 진술이고, 보조 문장은 중심 문장을 뒷받침한다. 중심 문장을 어디에 둘 것인가는 전적으로 저자의 선택사항이다. 경우에 따라 중심 문장을 맨 앞에 두기도 하고 반대로 맨 뒤에 두기도 한다. 문단 단위로 글을 읽을 때 중심 문장의 위치를 잘 파악하면 글을 훨씬 잘 이해할 수 있다.

④ 문단의 다양한 전개 방식

저자가 자신이 아는 것을 문단으로 구성할 때는 독자의 편의를 고려해 다양한 방법을 구사한다. 그 목적은 이해를 쉽게 하는 데 있다. 어떤 저자도 자신의 글이 이해불가인 경우를 원치 않는다. 그래서 예를 들거나 정의를 말하거나 원인과 결과 구조를 사용하는 등 다양한 방법을 활용한다.

다양한 문단 구조를 이해하면 실제로 글을 읽을 때 큰 도움이 된다. 어떤 글도 단 한 가지 문단 형태로만 쓰지는 않는다. 물론 드물게 한 가지 형태로 나타나는 경우도 있지만 문단은 대개 여러 형태를 섞어서 쓴다.

2) 글 단위 읽기

문단이 모이면 한 편의 글이 된다. 애들러는《생각을 넓혀주는 독서법》에서 책의 구조를 이렇게 설명하고 있다.

"앞뒤 표지 사이에 들어 있는 책의 내용에는 어떤 숨은 뼈대가 있다. 분석하며 읽는다는 것은 이를 발견하는 일이다. 뼈에 살을 붙이고 그 살에 옷을 입힌 것이 책의 모양새다. 이는 마치 정장을 차려입은 것과 같다. 그 옷을 벗기거나 살을 찢지 않고도 속에 숨은 단단한 뼈대를 찾아낼 수 있어야 한다. 눈으로 엑스레이를 찍듯 꿰뚫어보면서 말이다. 어떤 책의 구조를 파악하는 것은 그 책을 이해하는 필수 작업이다."

책의 구조를 파악하며 읽는 것을 '구조 독서'라고 한다. 정보 글에서는 구조를 파악하는 것이 가장 기본적인 이해의 출발이다. 곽인희는 〈텍스트 구조 지도 방법 연구〉라는 논문에서 학생들이 텍스트 구조에 유의해 글을 읽으면 중요한 정보를 잘 파악하고 글의 내용도 쉽게 기억한다는 것을 실험으로 증명했다. 학생들이 글을 읽을 때 그 내용 및 구조에 대한 스키마를 적극 활용하도록 지도하면 글에 대한 이해력이 높아진다.

① 중요도 평정
중요 문장과 보조 문장의 원리는 한 편의 글에도 적용된다. 한 편의 글에서 중요한 내용을 담고 있는 문장을 찾는 연습을 하면 글의 구조를 쉽게 파악하면서 읽기를 잘할 수 있다.

② 글의 구조 파악
글은 무의미한 문장의 나열이 아니다. 글은 말하고자 하는 것을 분명히 전달하기 위해 조직적으로 전개한다. 글 한 편을 보더라도 구조와 짜임새를 보는 눈이 있으면 읽기가 수월하고 속도도 빨라진다. 그러므로 글에서 뼈대가 되는 구조를 발견하는 안목을 키워야 한다.

③ 문단의 소제목 추론하기
긴 글을 읽을 때 지금까지 형식적으로 문단 나누기와 각 문단의 중요한 부분을 찾았다면 이제는 문단별로 소제목을 붙이며 읽어보는 것이 좋다. 이 경우 각 문단의 중심 내용을 빨리 요약하고 다 읽었을 때 전체 내용도 조직적으로 기억한다.

④ 그래픽 자료
정보 글에는 다양한 그래픽 자료가 등장한다. 표, 그래프, 사진, 지도, 차트, 시간표, 각종 요금표 등의 자료는 읽는 데 도움을 준다. 글로만 설명하면 이해하기 어려운 내용도 그래픽을 이용할 경우 한눈에 들어와 읽기가 쉽다. 차트는 핵심 정보와 부가 정보를 구분해서 보여준다. 시간표나 요금표 같은 것도 가로와 세로줄을 이용해 전체를 비교해서 보기에 편리하다. 정보 글 읽기에서는 이처럼 그래픽 자료가 주는 이점을 잘 활용하도록 지도하는 것도 중요하다.

3) 글의 구조 파악하기 – 도해 조직자 그리기

글을 읽고 난 뒤에는 정보를 요약 및 정리해 자기 것으로 만들어야 한다. 정보 글은 대체로 위계와 범주로 나누는데 이 경우 '도해 조직자 Graphic Organizer'를 이용하면 편리하다. 도해 조직자란 정보의 위계와 범주를 잘 나타내기 위한 그림 형태의 조직도를 말한다.

어떤 글이든 구조가 있다. 특히 설명 글의 경우는 핵심 주제가 있고, 그 핵심 주제를 설명하는 하위 범주의 글들이 있게 된다. 그리고 하위 범주의 내용들은 또 다른 하위 내용들로 채워진다. 글을 읽을 때는 이러한 위계와 범주를 파악할 수 있어야 정확하고도 빠르게 읽을 수 있다. 바로 그러한 구조를 그림으로 나타내는 것이 도해 조직자다.

라나 이즈라엘과 토니 부잔은 《아이들을 위한 마인드맵》이라는 책에서 마인드맵핑의 중요성을 다음과 같이 들고 있다. "직선적인 방법은 좌뇌만을 사용하지만 마인드맵은 양쪽 뇌를 사용하게 한다. 뇌가 움직이는 것과 같이 결합, 연결, 조화의 방식을 사용한다. 기억하기 쉽게 해준다. 생각의 폭을 넓혀준다. 요점 파악에 도움을 준다. 생각들을 쉽게 연결해준다."

마인드맵의 기본적인 형태는 아래와 같다. 마인드맵 형식을 사용하여 앞 페이지의 '피뢰침' 관련 글을 정리하면 아래 그림과 같은 구조로 나타낼 수 있다. 보기에도 간편하고 기억되기 쉬운 구조라는 것을 알 수 있을 것이다. 아이들이 글을 읽으면서 글의 구조를 잘 파악

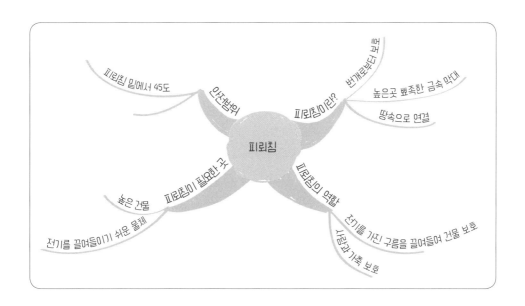

할 수 있고, 길게 서술된 문장을 제목처럼 짧고 강렬하게 줄여서 나타
낼 수 있으면 글을 상당히 잘 읽는 것이라고 봐도 좋다. 이 맵핑 형식
과 원리는 같으면서 조금씩 더 편리하고 아름다운 구조도들은 구글
이미지를 검색하면 아주 많이 찾아볼 수 있다.(부록 B. 6, 7 정보 정리하기 1, 2
참고)

2. 주제 파악하기

책 읽기를 '구조'와 '의미' 파악이라는 두 가지 과정으로 분류할 경우
앞서 한 활동은 구조를 파악하는 과정에 속한다. 즉, 저자가 자신의
메시지를 전달하기 위해 어떤 구성 요소들을 활용해 글을 썼는지 파악
한 것이다. 그 과정이 끝난 뒤에는 의미를 찾는 과정이 이어져야 한다.

먼저 저자의 의도, 즉 주제를 파악해야 한다. 저자는 보통 이야기
형식을 빌려서 글을 쓴다. 가령 《그림 도둑 준모》(오승희 지음)에서 저
자는 거짓말을 하지 말자고, 작은 거짓말이 걷잡을 수 없이 커다란 결
과를 낳는다고 말한다. 또 《비나리 달이네 집》(권정생 지음)의 저자는

사람이 반려동물과 얼마나 행복하게 지낼 수 있는지를 보여주고,《우리 엄마는 여자 블랑카》에서 저자는 다문화가정의 삶을 이해하자고 강조한다. 이것은 모두 저자가 아이들에게 들려주고 싶은 주제를 이야기 형식을 빌려 전달하는 대표적인 예다.

책은 우리 삶을 가꿔주는 매개체다. 우리는 책을 읽으면서 더 좋은 사람, 보다 나은 세상을 만드는 데 힘을 보태는 사람이 되어간다. 그런 두 가지 관점에서 책의 주제를 살펴보면 조금 더 쉽게 찾아낼 수 있다.

우선 한 개인의 가치관 형성과 관련된 면에서 주제를 살펴보자.

우리의 마음속에 담긴 가치관은 우리가 다른 사람을 대할 때나 어떤 결정을 할 때 행동으로 표출된다. 누구나 올바른 가치관을 가지려 노력하는 이유가 여기에 있다. 정직하고 열린 마음으로 다른 사람과 대화하는 사람, 역경 속에서 용기와 인내심을 발휘하는 사람, 늘 책임감과 관대함으로 행동하는 사람은 좋은 가치관의 소유자라고 할 수 있다. 아이가 이런 사람으로 자라기를 바라지 않는 사람은 많지 않을 것이다.

그 외에도 아이들은 용기, 자제력, 자기훈련, 인내심, 성실함, 관대함, 공감 능력, 정직, 꿈을 갖고 키우는 능력, 동정심, 책임감, 호기심, 근성 등의 덕목을 갖고 싶어 하지 않을까?(교육학자 폴 터프Paul Tough도 《아이는 어떻게 성공하는가》에서 뚝심, 호기심, 자제력, 사회성, 열정, 긍정, 감사의 일곱 가지가 성격 강점이라고 말한다.)

대표적으로 프랭클린의 삶의 덕목 13가지를 기억하면 책에서 주제를 찾을 때 도움이 된다. 프랭클린은 다음과 같은 덕목을 스스로 정해 놓고 실천하기 위해 노력했다고 한다. 물론 이 중에는 아이들의 삶에 들어맞지 않는 부분도 일부 있지만 최소한 개인이 자기 삶을 가꾸기 위해 어떤 노력을 해야 하는지 그 가이드라인은 제시한다. 삶의 덕목을 알고 책을 읽으면 그 책이 전하고자 하는 바를 보다 잘 깨우칠 수 있다.

- **절제** 폭음, 폭식을 삼간다.
- **침묵** 타인 또는 내게 유익한 일 외에는 말하지 않는다. 쓸데없는 말은 하지 않는다.
- **질서** 모든 물건은 위치를 정해놓고 일도 시간을 정해 진행한다.
- **결단** 해야 할 일은 실행할 것을 결심한다. 그리고 결심한 일은 꼭 실행한다.
- **절약** 타인과 자신에게 유익한 일을 모색하고 낭비하지 않는다.
- **근면** 시간을 헛되이 쓰지 않는다. 언제나 유익한 일에 힘을 쏟는다. 불필요한 행동을 하지 않는다.
- **정직** 타인에게 폐를 끼치는 거짓말은 하지 않는다.
- **정의** 타인에게 해를 입히는 행위는 하지 않는다.
- **중용** 생활의 균형을 지키고 화내지 않으며 타인에게 관용을 베푼다.
- **청결** 몸과 의복, 주변을 불결하게 하지 않는다.
- **평정** 하찮은 일, 피하고 싶은 일이 생겨도 평정을 잃지 않는다.
- **배려** 타인의 신뢰와 자존심에 상처를 주는 행동은 피한다.
- **겸손** 예수와 소크라테스를 본받는다.

그다음엔 한 개인의 사회적 삶의 영역을 살펴보자.

한 개인이 자신을 둘러싼 주변 환경과 어떻게 관계를 맺고 사는지 살펴보면 그 개인을 진정으로 이해할 수 있다. 다시 말해 그 사회가 정말 좋은 사회인지, 만약 좋은 사회가 아니라면 문제를 해결할 방법

주제를 파악한 다음 그것을 생활 속에서 실천하라고 강요하는 것이 좋을까?
독서지도에서 주제를 알게 하는 데서 그치는 경우가 있고 주제를 생활 속에서 실천하는 데까지 관심을 기울이는 경우도 있다. 나는 전자가 맞다고 본다. 책의 주제를 생활에 적용해 실천하는 것은 매우 어려운 일이고, 특히 도덕과 관습은 강요로 지킬 수 있는 게 아니기 때문이다. 깊이 이해하고 깨달으면 아이들이 저절로 실천하지 않을까? 그게 언제일지는 모르지만 나는 책의 내용이 아이들의 삶 속에 내재화되어 삶을 바른 길로 이끌어주리라고 믿는 편이다.

은 무엇인지 등을 생각할 계기를 마련할 수 있다. 책을 읽은 후 이런 측면에 초점을 맞춰 주제를 생각해보는 것도 바람직하다. 성·외모·재산·나이 등에 따른 차별이 없고 서로가 남의 슬픔에 관심을 기울이며 동정심을 발휘하는 사회, 다수를 불행하게 하는 사람을 향해 많은 사람이 분노를 느끼며 그에 저항해 바로잡는 사회, 한두 집단이 아닌 모두의 공익을 추구하는 시스템을 갖춘 사회, 공평하고 도덕적이라 누구나 노력한 만큼 인정받고 반대급부를 얻는 사회가 진정 좋은 사회다. 독서를 하며 글에서 묘사하는 사회의 모습이 어떠한지 살펴보게 하면 아이들은 주제를 좀 더 폭넓게 찾아낸다.

이처럼 한 개인의 삶에 주목하며 그의 문제 해결법과 사고방식 등에 관한 이야기인지, 아니면 한 개인을 둘러싼 사회 모습을 얘기하고 있는지 구분해서 생각할 경우 주제를 보다 잘 파악할 수 있다.(주제 찾기는 부록 B. 9. 토론 안건 찾기 참고)

3. 작품 평가하기

책을 읽고 주제를 파악한 후에는 스스로 판단하게 한다. 가령 그 책이 좋은지 싫은지, 주인공의 심리나 행동에 동조하는지, 주인공의 문제 해결법이 마음에 드는지, 책에서 얻은 교훈이 무엇인지, 책의 체계와 구성이 괜찮은지, 같은 저자의 다른 책을 더 읽고 싶은지, 저자의 메시지에 동의하는지 생각해보도록 한다. 나아가 정말로 가치 있는 책이라고 본다면 누구에게 어떤 이유로 추천하고 싶은지 확인한다.

그러면 많은 아이가 즐기는 학습만화를 예로 들어 평가에 대해 살펴보자. 많은 아이가 만화책을 즐겨 보는 이유는 우선 읽기에 부담이 덜하기 때문이다. 무엇보다 그림을 통해 전체 내용을 한꺼번에 파악할 수 있어서 글자를 필요한 만큼만 읽어도 상관없다. 글도 일상적인 대화가 주를 이루고 의태어나 의성어만으로 의미를 전달하기도 해서 읽기가 쉽다.

특히 학습재료가 좀 어려울 경우 만화나 그림, 사진 등의 보조 자료를 이용해 쉽게 설명하는 것이 좋다. 학습만화는 최소한 흥미를 유발하고 이해를 돕는다. 문제는 양질의 학습만화를 접할 수 있느냐 없느냐에 있지 학습만화 자체를 읽느냐 마느냐에 있지 않다. 좋은 학습만화는 학습에 필요한 지식을 만화 속에 녹여 만화를 읽다 보면 자연스럽게 설명을 이해하게 만든다.

시중에 나와 있는 학습만화 중에는 해당 소재로 단순하게 만화를 그리고 뒷장에 요점정리를 달아둔 것도 있는데, 이러한 학습만화는 별로 도움이 되지 않는다. 어른들은 아이들이 만화를 재미있게 읽고 요점정리를 더 열심히 읽기를 바라지만, 사실 아이들은 대개 거꾸로 한다. 만화는 열심히 봐도 요점정리는 거의 보지 않거나 대충 본다. 이는 책벌레든 아니든 마찬가지다. 실제로 아이들에게 그런 책의 평가를 요청하자 굉장히 좋은 책은 아니라는 대답이 돌아왔다.

"좋은 책은 아니지만 그래도 재미있으니 시간 날 때 읽으면 좋은 책이다!"

한 아이는 아주 구체적으로 그러한 학습만화를 평가했다.

"아빠랑 천 조각짜리 퍼즐을 맞출 때 항상 변두리부터 시작하는데 이 책들이 그런 역할을 해준다. 기초가 없을 때 어느 정도 지식을 주면서 글밥이 많은 다른 책을 읽는 데 도움을 준다."

이만큼 평가할 정도라면 아이들이 그런 책을 어떻게 다룰지 믿어도 좋다. 다시 말해 학습만화가 좋으니 나쁘니 하면서 어른들이 따질 필요가 없다.

좋은 만화는 좋은 독자로 가는 징검다리 역할을 한다. 만화에서 쌓은 배경지식을 밑거름 삼아 자연스럽게 다른 책을 보는 경우도 많으므로 무조건 못 읽게 하거나 걱정할 필요는 없다.

고전의 경우에도 조금 가볍게 읽을 수 있는 요약본을 거부하고 제대로 번역한 책을 선택하는 아이들이 많다. 아이들은 그런 책이 양이 많고 표현도 풍부해서 읽는 맛이 있고 훨씬 재미있다고 말한다. 이 정도면 아이들의 평가 능력을 믿는 게 낫지 않을까. 어떤 종류의 책이든 아이에게 평가할 능력이 있으면 그 아이는 보다 좋은 독자가 될 가능성이 크다.(부록 B. '읽은 책 소개하기' 참고)

CHAPTER

6

독서 평가

아이가 정말로 책을 잘 읽었는지 알아보고 싶다는 생각을 누구나 한번쯤은 해봤을 것이다. 대충 얘기를 듣고 나면 제법 그럴싸하지만 정말로 잘 읽은 것인지, 내용을 제대로 파악하고 있는지 확인할 길이 없다. 내가 생각하는 가장 좋은 방법은 '질문'을 통해 파악하는 것이다.

독서 이후의 이해 수준은 크게 사실적 이해와 해석적(추론적) 이해, 비판적(감상적) 이해로 나뉜다.

사실적 이해는 텍스트에 명시된 사실이나 정보를 있는 그대로 이해하는 수준이다. 추론적 이해는 명시적으로 드러난 정보를 바탕으로 추론해서 숨은 내용이나 의도를 알아내는 수준이다. 이 수준의 이해를 '의미의 재구성'이라 부르기도 한다. 마지막으로 비판적 이해란 글의 내용 파악이나 추론 수준을 넘어 글의 내용 및 구조, 저자의 태도와 가치관을 자신의 내외적 준거에 따라 분석·판단·평가하는 수준

이다. 이 수준의 이해를 하려면 자신이 가진 기본 지식과 관련지어야
한다.

3수준 질문은 토론 안건이 될 가능성이 크다. 그러면 세 가지 수준
의 질문 내용을 살펴보자. 각각의 질문을 만들어보게 하거나 답해보
게 하면 아이의 독서 수준이나 몰입도를 알아볼 수 있다.(부록 B. 8. 질문
만들기 참고)

1.
사실적 독해
수준(1수준)
질문

책 내용에 답이 명시된 질문으로 잘 읽으면 금세 답을 찾는다. 6하원
칙에 따라 언제·누가·어디서·무엇을·어떻게·왜 했는지와 낱말의
표면적인 의미, 등장인물의 기본적인 인적사항, 사건이 일어난 순서
및 일이 일어난 차례 등을 묻는다. 앞서 살펴본 글의 내용과 관련된
질문뿐 아니라 글의 구조에 대한 질문을 할 수도 있다.

- 이 낱말의 뜻은 무엇일까?
- 등장인물의 이름은? 나이는? 학년은? 가족관계는?
- 등장인물 A와 등장인물 B의 공통점은? 차이점은?
- 등장인물 A가 ~을 하기 전에 한 일은?
- 문단 간에 어떤 관련이 있을까?
- 문장 간에는 어떤 논리적 연관성이 있을까?
- 장과 장 사이는 어떻게 연결되어 있는가?

2.
해석적 독해
수준(2수준)
질문

분명히 드러난 정보를 바탕으로 숨은 정보를 찾아내는 질문으로 추
론이나 해석으로 답을 알아낸다. 1수준과 2수준 질문은 책 안에 답이
있는 질문 유형이다. 낱말의 숨겨진 뜻을 유추하거나 뒷받침 내용의
추론, 행간에 숨은 내용 유추, 생략한 내용이나 등장인물의 심리·성
격·태도·관점·의도·배경·상황 등에 대한 이해도 이 영역에 속한다.

- 작가가 이 사건을 왜 포함시켰을까?
- 주인공은 왜 그런 행동이나 말을 할까?
- 그 사람은 왜 등장했지?
- 그 사람은 어떻게 느끼고 있지?
- 그 사람은 다른 사람에게 어떤 영향을 미치고 있지?
- 그 일은 왜 일어났지?
- 만약 ~가 달라졌다면 이야기가 어떻게 달라졌을까?
- 이 장면이 의미하는 것은 무엇일까?
- 말이나 행동으로 미뤄보아 지금 감정 상태는 어떨까?

3.
비판적, 확대 독해 수준(3수준) 질문

책을 벗어나 사회적 통념이나 개인의 가치관과 견주어 생각해야 답을 구할 수 있는 질문이다. 사실과 의견 구분, 현실과 환상 판단, 타당성과 적합성 판단, 저자나 등장인물의 사상을 수용할 수 있는지 등을 자신의 가치관에 근거해 판단하게 하는 질문이다.

- 사실은 무엇이고 의견은 무엇인가?
- 내가 만약 그 시대에 살았다면 어떻게 했을까?
- 저자와 등장인물의 주장, 행위, 행동을 받아들일 수 있는가? 가장 환영할 만한 사람은 누구인가?
- 근거와 증거 자료가 적절하고 충분한가?
- 글의 내용에 문제점은 없는가?
- 저자에게 편견이나 선입견은 없는가?

수준별 질문의 예

아래의 예는 세 가지 수준의 질문을 보여준다. 여기서 3수준 질문은 토론의 안건과 직결된다. 즉, 3수준 질문 항목이 곧 토론 안건이다. 질문 형태가 물음표로 끝났을 경우 진술문으로 바꾸고 마침표를 찍으면 그만이다. 또한 3수준 질문은 서술형이나 논술형 문제의 유형이기도 하다.

〈여우와 두루미〉

어느 날 여우가 두루미를 집으로 초대했다.
"수프 맛있게 먹어."
수프는 납작한 접시에 담겨 있었다. 여우는 맛있게 '냠냠' 하며 핥아먹었지만 두루미는 긴 부리 때문에 제대로 먹지 못했다.
"왜 맛이 없니? 그럼 내가 대신 먹을게."
두루미도 여우를 초대했다.
"내일은 우리 집에 놀러 와. 내가 맛있는 걸 대접할게."
다음 날 여우는 두루미를 찾아갔다.
"한번 먹어봐. 맛있을 거야."
두루미는 목이 긴 병에 생선을 담아왔다. 여우는 생선을 먹지 못하고 군침만 삼켰다.
두루미는 긴 부리를 이용해 생선을 아주 맛있게 먹었다.
"왜? 생선을 좋아하지 않니? 그럼 내가 대신 먹을게."
두루미는 생선을 맛있게 먹어치웠다. 여우는 화를 내며 가버렸다.

◎ 1수준 질문

먼저 식사에 초대한 것은 누구인가?

여우는 어디에 식사를 내왔나?

두루미는 여우에게 무엇을 대접했나?

두루미가 여우를 초대한 것은 며칠 후인가?

◎ 2수준 질문

여우는 생선을 좋아할까?

여우는 두루미가 접시에 든 음식을 먹지 못한다는 것을 미리 알았을까?

여우는 자기 잘못을 깨달았을까?

◎ 3수준 질문

여우에게는 다른 친구가 있을까?

두루미가 여우보다 더 나쁜가?

두루미가 여우와 똑같은 행동을 한 것은 잘한 일인가?

두루미는 여우에게 꼭 복수했어야 하는가?

여우와 두루미는 여전히 친구라고 할 수 있는가?

여우는 앞으로 호리병을 살까?

여우는 일부러 두루미를 식사에 초대한 것일까?

여우가 한 일은 애교로 봐줘야 하는가?

두루미는 친구의 잘못을 깨우쳐주었어야 하는가?

여우가 한 일은 친구 사이의 장난인가?

⇒ **토론 안건**

여우에게는 다른 친구가 없을 것이다.(사실 안건)

여우가 두루미보다 더 잘못했다.(가치 안건)

두루미가 여우에게 똑같은 행동을 한 것은 잘한 일이다.(가치 안건)

두루미가 여우에게 복수한 것은 옳다.(가치 안건)

여우와 두루미는 여전히 친구다.(사실 안건)

여우는 일부러 두루미를 식사에 초대한 것이다.(사실 안건)

두루미는 여우가 한 일은 애교로 봐줘야 했다.(가치 안건)

두루미는 여우의 잘못을 깨우쳐주어야 했다.(가치 안건)

여우가 한 일은 친구 사이의 장난이다.(사실 안건)

제2부

토론

소통하며
생각 다지기

CHAPTER

1

토론, 무엇을 하든
기본이 되는 것

1.
『뉴욕타임스』를
읽지 않고는
식탁에 앉을 수
없었던 케네디
형제들

미국의 명문가로 손꼽히는 케네디가의 토론 교육은 정평이 나 있다. 케네디 대통령의 어머니인 로즈 여사는 4남 5녀의 자녀를 키우면서 '식탁 교육'을 엄격히 했다고 전해진다. 그 이유는 첫째 시간 엄수 자세를 가르칠 수 있고, 둘째 식탁 예절을 지켜야 사회에 나가 예의바르게 행동해 타인에게 좋은 인상을 줄 수 있기 때문이었다고 한다.

그보다 더 중요한 것은 케네디가의 식탁에서 벌어진 토론 교육이다. 로즈 여사는 아이들이 어릴 때부터 읽으면 도움이 되는 기사나 글을 눈에 잘 띄는 곳에 붙여 놓고 읽게 했다. 존 F. 케네디, 로버트 케네디, 에드워드 케네디 삼형제는『뉴욕타임스』를 읽지 않고는 식탁에 앉지 못했다. 식탁에서 아버지가 그날의 이슈에 관해 쏟아내는 날카로운 질문에 각자의 생각을 담아 자기 나름대로 답변하고 형제들 간에 벌어지는 치열한 토론에 끼려면 반드시 신문을 읽어야 했던 것이다. 만약 그 대화가 잡담으로 흐르거나 핵심이 없으면 로즈가 아이들이 더 많이 이해하고 생각하도록 질문을 했다. 말하자면 대통령을 만든 비밀은 '읽고, 식탁에서 토론하기'였던 셈이다.

토론은 이처럼 중요한 능력이지만 토론 능력을 길러주는 것이 말처럼 쉬운 일은 아니다. 토론은 스포츠와 마찬가지로 룰을 지키는 것이 가장 중요하다. 말하는 사람 간의 공정성이 그 생명이기 때문이다. 토론 능력을 길러주려면 일상 대화에서부터 근거를 염두에 두고 조리 있게 말하도록 이끌어야 한다. 그러다가 점점 격식 있는 토론으로 연결하면 자연스럽게 토론을 익힐 수 있다. 이러한 훈련은 평소에 많은 시간을 함께 보내는 가족과 하는 것도 좋다.

학부모 토론 과정을 개설해 8주차에 마무리하면 거의 예외 없이 학부모들의 장탄식이 이어진다.

"생각해보니 진짜 신기해요. 우리는 책을 읽으면 의심 없이 공감했고 한 번도 토론하지 않았어도 고개를 끄덕였어요. 비판적으로 생각해본 적이 없는 것 같아요. 그런 식으로 대학교육까지 받았다는 게 참 이상하네요. 또 우리 자신이 이렇게 남에게 자기 의견을 말하는 데 서툴고 어려운 게 부끄럽네요."

얼마 전 대형서점에서 주최한 토론 워크숍에 초청을 받아 1박2일을 함께한 적이 있다. 그때 받은 대학생들의 후기 중에서 유독 기억에 남는 것이 있다.

"내 인생 최고의 캠프였다. 이런 것을 배운 건 행운이다."

나는 그 말을 토론을 '제대로' 배울 기회가 많지 않다는 뜻으로 이해했다. 토론이 몹시 중요함에도 불구하고 어디서든 배우거나 실천해볼 기회는 흔치 않은 것 같다.

미래형 인재를 어떻게 기를 것인가에 대한 답은 전문가마다 다르다. 하지만 누구도 부정할 수 없는 것 중 하나는 토론식 수업의 장점이 매우 크다는 사실이다. 주입식 교육이나 학생들을 단순한 문제풀이 기계 혹은 시험 기계로 만드는 교육이 아니라 학생들이 진정으로 자신의 미래에 대한 확신을 갖고 열정적으로 앞날을 개척하도록 돕는 교육은 토론에서 출발한다.

수없이 쏟아지는 정보의 홍수 속에서 가치 있는 정보를 선별하고 주체적으로 받아들이는 능력을 기르려면 어릴 때부터 연습이 필요하다. 미국의 저명한 토론과 논술 교수 오스틴 J. 프릴리Austin J. Freeley는 토론의 중요성을 다음과 같이 설파하고 있다.

"여러 가지 형태의 일에 효과적으로 참여해 자아실현을 하는 데는 비판적 사고력이 필수적이다. 비판적 사고력은 고등교육을 추구하는 데도 반드시 필요하다. 또한 비판적 사고력은 최고의 경쟁 세계라 할 수 있는 사업이나 전문 직업 전선에서도 필수 요소다. 이 비판적 사고의 원리를 학습하고 응용하는 최고의 방법은 고전 시대부터 지금까지 내려오는 토론이다."

2.
이기기 위해서가 아니라 상대를 이해하기 위해 토론한다

토론은 이기기 위해서 하는 걸까, 아니면 상대방을 설득하기 위해서 하는 걸까? 결론부터 말하자면 이기려고 하는 것이다. 그러나 이기고자 하는 열망만큼 패배를 인정하는 자세도 필요하다. 패배를 인정하지 않는 사람끼리 토론을 하면 결국 싸움으로 번지기 십상이고, '세상에, 내가 설득을 당하다니! 내 인생에서 이런 일은 있을 수 없어!'라고 생각하기 때문이다.

애초에 토론의 궁극적인 목적은 조화harmony에 있다. 서로 생각이 다른 사람끼리의 조화 말이다. 그리고 한 개인의 내면에서 이뤄야 하는 여러 가지 생각의 조화가 바로 토론이다.

어떤 사람은 찬반 토론이 지나친 경쟁을 유발하거나 대립적인 생각을 키우는 게 아닌가 하고 우려한다. 이건 찬반 대립 토론의 진가를 몰라서 하는 염려다. 찬반 토론을 제대로 진행하려면 싸우는 게 아니라 오히려 서로 돕고 배려하며 상대를 이해해야 한다.

그러므로 토론을 시작하기에 앞서 아이들에게 상대 토론자가 얼마나 고마운 존재인지 명확히 인식시켜야 한다. 어떤 사람의 의견도 항상 옳거나 무조건 진리일 수는 없다. 사람 자체가 불완전한 존재이기 때문이다. 늘 다른 사람의 의견을 듣고 조율하는 것이 중요한 이유가 여기에 있다. 그것이 함께 살아가는 사람들을 대하는 기본적인 마음 자세다.

내 생각이 맞을 수도 있지만 편견이나 아집일 수도 있다. 그 생각을 잘 들어주고 점검, 지적, 교정해주는 상대방이 있다는 것은 커다란 행운이다. 그래서 교육적인 목적으로 수많은 찬반 대립 토론을 실행하는 것이다.

이런 교육을 선행하면 아이들은 상대를 무조건 미워하거나 감정 상하는 일 없이 진지하게 의견을 교환하는 과정을 즐긴다. 상대를 배려하지 않을 거라면 애초에 토론이 무슨 필요가 있겠는가. 그냥 나이로 짓누르거나 권위로 찍어 누르면 그만인 것을. '어디 어른한테 대들어!', '너 몇 살이야?', '그렇게 많이 알면 당신이 나 대신 이 자리에 앉으시오'와 같은 표현은 얼마나 무책임하고 상대를 무시하는 말인가.

토론은 상대를 배려하는 마음으로 예의를 갖춰 자기주장을 펼치는 것이다. '참 좋은 의견입니다. 이 점을 약간만 고려하면 어떨까요?' 하는 정신이 곧 반론이다. 상대의 말을 감사한 마음으로 듣고 자기 의견의 부족한 부분을 되짚어 확인하는 것, 반대 의견을 받아들여 자기주장을 좀 더 완벽하게 하거나 잘못된 점을 고쳐가는 것은 얼마나 아름다운 일인가.

그런데 아이들이 토론 교실에 오면 처음에는 '전의에 불타는' 사례가 많다. '오늘 토론에서는 꼭 내가 이겨야지', '자존심을 지키기 위해서라도 절대 내 의견을 바꾸지 않을 거야'라는 결심으로 똘똘 뭉쳐 있는 경우가 대부분이다. 아이들에게 "토론은 이기려는 게 아니라 반대 생각을 받아들여 자기 생각을 완성하는 과정이야. 또 어떤 것이 진짜 좋은 생각인지 가려서 지금보다 더 좋은 세상을 만드는 데 기여하려는 거지 싸우려고 하는 게 아니란다"라고 말해주면 그제야 마음이 풀려 느긋해진다.

토론을 시작할 때는 분명히 말해줘야 한다.

"자, 누구의 의견이 더 좋은 선택이 될지 알아보자. 만약 내 생각과 다른 생각을 만나면 내 생각이 더욱 분명해지는 것이니 얼마나 좋은 일이니?"

토론을 통해 아이들에게 가르쳐야 할 첫 번째 과제는 토론의 목적이다. 토론을 함으로써 우리는 보다 나은 생각을 할 수 있고, 여러 사람과 의견을 조율하는 과정에서(때론 격렬한 충돌이 발생한다) 우리의 생각은 누구에게 내놓아도 무리가 없을 정도로 다듬어진다.

가령 아이들이 무척 갖고 싶어 하는 것 중 하나가 스마트폰이다. 사실 휴대전화가 없는 아이는 거의 없다. 한번은 초등학교 5학년 학생들과 이 문제를 놓고 토론을 했다. 먼저 부모님이 스마트폰을 사주지 않는 이유를 들은 대로 옮겨놓았다. '눈이 나빠진다', '공부에 방해가 된다', '게임에 빠진다', '전자파 때문에 건강에 해롭다', '비싸서 경제적으로 부담이 된다' 등의 이유가 나왔다. 각각의 이유마다 반론을 제기해보자고 했더니 아이들은 무척 신이 났다.

"눈은 아이들만 나빠지나요? 그럼 스마트폰을 가진 어른들의 눈은 다 나빠졌나요? 다른 원인도 얼마든지 있을 거예요."

"스마트폰이 공부를 방해하는 건 아니죠. 필요할 때만 쓰고 부모님이 원하시면 원하는 장소에 두고 공부할 수 있어요."

"게임에 빠지는 건 컴퓨터가 더 심하죠. 폰으로 하는 게임은 돈을 내야 하기 때문에 애들이 할 것이 많지 않아요."

"전자파가 애들에게만 해로운 건 아니죠. 그렇다면 어른들도 쓰지 말아야죠."

"경제적인 부담요? 공짜폰이 얼마나 많은데요."

그들이 내린 결론은 이랬다.

"스마트폰의 피해는 조금이지만 그걸 이용해서 정보도 검색하고 친구들과 더 재미있는 대화를 하는 등 얻는 이익은 훨씬 크다."

심지어 앞으로 학교에서 왜 태블릿 PC를 이용한 교육을 하려고 하느냐는 항의성 질문까지 나왔다. 다른 한편으로 아이들의 반론에 부모님들의 재반론이 이어졌다.

"과연 아이들에게 그렇게까지 통제력이 있는가."

"스마트폰이 있는 아이들은 대체로 문자나 카톡 같은 프로그램을 이용하느라 시간 가는 줄 모르는 경우가 많다."

그 과정에서 아이들은 부모님이 스마트폰을 사주지 않으려 하는 마음을 어느 정도는 이해를 하는 것 같았다. 이것이 바로 양면 사고를 길러주는 토론의 힘이다.

편협하고 왜곡된 생각은 다른 사람은 안중에도 없고 주위를 둘러보지도 않은 채 오로지 자신에게만 몰두할 때 생긴다. 다른 사람의 의견도 나와 같을 것이라고 지레짐작하거나 다른 의견을 받아들이지 못하는 사람은 제대로 된 인간관계를 맺기 어렵다.

동양은 아무래도 토론이 제2의 천성인 서양에 비해 서로 논쟁을 벌이고 합리적으로 비판하는 문화적 배경이 깊지 않다. 그러다 보니 자신과 의견이 '다른' 것을 '틀린' 것으로 오해하는 경우가 흔하다. 그런데 토론을 계속하다 보면 사람들의 생각은 언제든 서로 다를 수 있고 이는 지극히 자연스러운 현상임을 이해하게 된다. 또 그런 상황에 맞닥뜨렸을 때 토론을 통해 얼마든지 기분 좋게 대화할 수 있음을 깨닫는다. 어떤 경우에는 의견이 달라도 기분 나쁘고 은근히 불쾌한 것이 아니라 다른 사람의 생각을 알아볼 좋은 기회로 삼는다. 그런 과정을 통해 자신의 생각이 더 깊어질 수 있음을 알면 마음이 설레기까지 한다. 사물을 양면에서 바라보는 냉철한 비판 정신은 현대를 살아가는 우리에게 필수적인 능력이다.

어떤 대상이나 사물에 대한 생각은 사람마다 다르기 때문에 누구 한 사람의 생각이 처음부터 완벽하기는 어렵다. 따라서 다른 사람들과 지속적으로 의견을 교환하며 살아가야 한다. 다른 사람의 생각을 고려해 처음의 불완전한 생각을 다듬어 나가면 완벽까지는 아니어도 어느 정도 좋은 생각으로 업그레이드할 수 있다. 이것이 토론이 추구하는 세계다.

아이들에게도 세상에는 다양한 의견이 있다는 것과 그것을 다른 사람과 많이 나눌수록 더 좋은 생각을 할 수 있음을 알려주어야 한다. 그런데 의견이 다양한 사람들끼리 서로 의견을 나누는 게 쉬운 일은 아니다. 한 초등학교 4학년 여학생의 얘기를 들어보자.

"제 친구는 서로 의견이 다르면 굉장히 기분 나빠해요. 심지어 우정에 금이 갔다고 생각해서 정말 답답해요."

이처럼 어린 여학생도 서로 다른 의견을 존중하는 분위기 속에서 대화하기가 쉽지 않다고 한다.

우리가 일상적으로 나누는 대화는 네 가지 유형으로 나눌 수 있다.
(《논리정연한 대화Straight Talk》, 쉐로드 박사Sherod Miller Ph. D. 외)

첫째, 분위기를 누그러뜨리거나 처음 본 사람과도 나눌 수 있는 가벼운 대화Small talk다. 가령 엘리베이터 안에서 만난 이웃 사람과 날씨 이야기하기, 처음 모임을 갖는 사람들과 인사 나누기 정도의 대화다. 이때는 보통 말투로 비교적 조용히 얘기하며 일상적인 화제로 양쪽이 당연하게 생각하는 내용을 말한다.

둘째, 무언가를 지시하는 대화Control talk로 직접 혹은 간접 명령이 여기에 속한다. 예를 들어 창문을 열어달라고 말할 때 직접적으로 말할 수도 있고, "방 안이 좀 덥지 않나요?" 하고 돌려서 말할 수도 있다.

셋째, 무언가를 알아보기 위한 대화Search talk로 정보, 의견 등을 구하거나 문제 해결을 원할 때 시도한다. "그 일의 원인은 무엇인가요?" 등의 질문을 말한다.

넷째, 논리정연한 대화Straight talk로 대화 당사자 두 사람이 상황을 올바로 인식하고 시작한다. 특히 대화 상대방에게도 나와 마찬가지로 할 말이 있음을 인정하는 것을 전제로 서로의 생각과 느낌을 털어놓는다. 이 대화가 바로 토론이며, 책을 읽고 안건을 뽑아 토론하면 그것이 독서토론이다. 토론은 일단 상대가 있고 의견 교환을 목적으로 한다는 점에서 단순하게 친구들과 수다를 떠는 것과는 다른 공적 영역의 말하기다.

사실 말을 잘하는 것은 그리 쉬운 일이 아니다. 찰스 필모어Charles Fillmore 교수는 말을 잘하기 위한 조건을 네 가지로 들고 있다.

- 시간을 채워서 말하기
- 일관성과 근거가 충분한 문장을 사용해서 말하기
- 맥락에 맞는 적절한 내용 말하기
- 창의적이고 상상력이 풍부한 언어를 사용해서 말하기

이러한 조건을 충족시키는 것은 쉽지 않다. 하지만 토론을 연습하다 보면 상대를 설득하는 데 초점을 두게 되고, 그 과정에서 언변이 늘어난다.

한편 어떤 종류의 대화에서도 빼놓을 수 없는 것이 상대를 올바르게 인식하는 일이다. 더구나 그것이 인식으로 끝나는 것이 아니라 고려하고 배려해서 서로 간에 진지하고 따뜻한 대화가 되도록 노력해야 한다. 다행히 토론은 어떤 상황에서 누구와 대화하든 상대를 인정하면서 조화롭게 좋은 결론에 이르는 의사소통이 가능하다.

토론을 지도할 때 아이들에게 자주 하는 말이 있다.

"애인과 연애한다는 마음으로 토론해라. 말하자면 '애인 토론'이라고 할까? 만약 애인이 너희의 주장에 반대 의견을 말한다면 어떻게 해야 할까? 일단 상대방을 존중하는 마음으로 잘 들으려고 노력하겠지? 그리고 혹시 너희와 다른 의견을 가지고 있더라도 배려하는 마음으로 자기 생각을 전달하려고 노력하지 않을까? 애인과 토론하며 무조건 싸우려 드는 사람은 없지 않겠니?"

이것이 바로 토론할 때 상대방을 대하는 기본 태도다.

4. '나는 누구인가?'에 대한 답을 찾는 길

철학적인 말처럼 들릴 수도 있지만 자기 자신이 어떤 사람인지 알고 싶어 하는 사람이 많다. 그러나 자신이 어떤 사람인지 실제로 깊이 생각하는 사람은 의외로 그리 많지 않은 것 같다. 이에 대한 해답을 찾으려 노력하는 것은 자기 삶을 알차게 꾸려가기 위해서도 필요하지만 글로벌 인재가 되기 위해 더더욱 필요하다.

《하버드의 생각수업》(후쿠하라 마사히로 지음)을 보면 세계의 명문 대학들이 어떤 방식으로 좋은 인재를 선발하는지 알 수 있다. 그런 대학은 거의 예외 없이 스스로 생각할 줄 아는 사람이 자신의 일을 제대로 꾸려나가고 온전한 인생을 살 수 있다는 사실을 잘 안다. 또한 최고의 인재는 생각하는 능력에 의해 길러진다는 것도 명확히 안다. 그들은 이런 점을 늘 염두에 두고 교육에 적용하며 실천하기 위해 노력한다.

독서토론 시간에 우리는 많은 사람들이 등장하는 이야기를 읽고 복잡다단한 상황을 꼼꼼히 따져보며 토론한다. 그 과정에서 매우 다양한 스펙트럼의 안건을 다룬다. 그런데 토론수업을 하다 보면 대부분의 아이들이 자기보다 더 잘하는 아이가 있는 편에 서고 싶어 한다. 왜 그럴까? 그래야 토론이 조금이라도 더 쉬워진다고 생각하기 때문이다. 그러나 교육 목적으로 토론수업을 진행하는 부모나 교사가 아이들을 편 갈라 억지로 찬반 입장을 갖게 하는 경우가 더러 있다. 토론은 이렇게 하지만 나중에 토론 에세이를 쓸 때는 얼마든지 자신이 지지하는 입장에서 글을 써도 된다는 단서를 달면서 말이다.

하지만 토론이 끝나고 아이들이 쓴 글을 보면 자신이 실제로 토론에 참여한 입장에 서서 글을 쓰는 경우가 그렇지 않은 경우보다 훨씬 많다는 사실을 알게 된다. 나중에 아이들에게 그 이유를 물어보면 특정 입장에 서서 토론 근거를 찾고, 설명하고, 반론에 재반론을 하는 사이 자연스럽게 자신이 그 입장을 지지하는 것이 옳다고 생각하게 되었다고 답한다. 이처럼 토론에 참가하여 깊이 생각하고, 그 생각을 말로 표현하고, 다른 사람과 그것을 교환하다 보면 차츰 주관이 뚜렷해지는 경우도 많다. 이런 과정이 반복되다 보면 어느 사이 스스로 주관이 뚜렷해진 것을 느끼게 된다.

이처럼 독서토론은 읽기, 생각하기, 표현하기를 연습하는 가장 좋은 방법이다. 또한 다양한 안건을 다루고 자신만의 의견을 남들 앞에서 말하게 된다는 점에서 자신이 누구인지를 명확히 알도록 돕는 역할도 담당한다.

사람의 생각은 제각각 다양하다. 그리고 그 생각은 나와 같을 수도 있고 다를 수도 있다. 토론을 하다 보면 사람들의 생각이 얼마나 다양한지 깨닫게 된다. 함께 토론하면서 다른 사람의 생각과 내 생각에 어떤 차이가 있는지 확인하다 보면 자신의 편협함도 극복할 수 있다. 이런 습관이 형성되면 차츰 생각이 깊어지고 단단해진다. 혼자서 어떤 생각을 정리할 때 눈에 보이지 않는 다른 사람의 생각을 염두에 두기 때문에 그만큼 생각이 깊어지고 알차지는 것이다.

이런 과정을 통해 아이들은 차츰 자기 자신을 찾아간다. 토론을 하다 보면 자신이 무엇을 잘하고 싶고, 어떤 사람이 되고 싶은지, 또 무슨 일을 하며 살고 싶은지 등에 대해 생각할 계기가 많아지기 때문이다. 책에서 얻은 안건을 놓고 다른 사람의 삶에 양식에 대해 토론하지만 사실 그 모든 결론과 근거와 설명에는 자기가 들어 있기 마련이다. 토론을 많이 하면 할수록 아이들은 공부를 왜 하는지에 대한 이유와 자신의 현재 상황 그리고 가장 현명한 길이 무엇인지를 좀 더 잘 알게 된다.

상상의 힘은 무한대다. 세상의 귀중한 발명품은 거의 다 상상의 산물이다. '만약 ~하면 어떨까?'라는 상상이 고민과 실천을 낳고 그것이 어떤 결과로 이어진 것이다. 인간이 위대한 이유도 실은 상상할 수 있기 때문이다. 그래서 상상의 힘을 기르는 것은 교육의 중요한 영역이며 특히 자라나는 아이들에게는 더욱더 그렇다.

안타깝게도 현실에서는 아이들의 생각을 가두는 교육에 많은 시간과 돈을 쓰는 것 같다. 예를 들면 아이가 어떤 글을 읽든 그 글을 잘 읽었는지 확인하는 '최선'의 방법으로 문제집을 들이대고, 아이들은 문제에 대한 답을 맞히기에 골몰한다. 그 답을 다 맞혀 이른바 100점을 받으면 아이도 어른도 비로소 안심한다.

'다 아는구나. 잘 읽었구나. 아이고, 훌륭하기도 하지!'

아이들이 답을 찾는 데 골몰하는 이유가 여기에 있다. 그러다 보니 점점 세상 모든 일에는 답이 있다는 생각에 물든다. 답을 벗어난 생각은 어디서든 그 가치를 인정받지 못한다. 그런데 수많은 세상사에서 딱 떨어지는 정답을 찾는 일이 어디 그리 쉬운가.

교육학 용어 중에 '역류 효과'라는 것이 있다. 이것은 시험이나 평가가 미치는 수업의 파급 효과를 말하며, 어떤 유형의 평가에 반복 노출되는가가 아이들의 학습에 영향을 미친다는 뜻이다. 책을 읽은 뒤 어떤 질문을 반복해서 받는가에 따라서도 아이들의 독서 형태는 상당히 달라진다. 잘 읽었는지 확인하기 위해 전체 흐름이나 주제와 아무 상관도 없는 질문을 계속 받으면 아이들은 자기도 모르게 그런 질문을 의식하며 책을 읽는다.

이 글의 말미에 제공하는《조금만, 조금만 더》라는 책을 읽고 '할아버지 집에 세금을 받으러 온 관리의 이름은?'이나 '얼음 거인의 썰매를 끄는 개의 종류는?'이라는 식의 질문만 반복적으로 던지면 아이들의 독서 활동은 더 이상 발전하기 어렵다(아쉽게도 요즘 많은 독서퀴즈 대회에서 독서를 더 잘하도록 돕는다는 목적을 잊고 임의적으로 질문하는 경우가 많아 문제가 되고 있다. 어떤 아이들은 외우기 위해 책을 60회 이상 읽는다고 한다).

문제에 대한 답 찾기를 반복하게 해서 아이들의 상상력을 애초부터 꺾어버려서는 안 된다. 마음껏 상상하게 해주고 때로 목적에서 벗어나는 말을 하더라도 누군가와 대화하는 과정을 통해 좀 더 가치 있는 것으로 바꿔 나가는 경험을 하도록 도와주어야 한다. 나아가 얼마든지 자신 있게 말할 기회를 줘서 다소 엉뚱한 생각도 꺼내놓는 경험 자체가 소중하다는 것을 깨닫게 해야 한다.

그것을 돕는 방법 중 하나가 독서토론이다. 독서토론은 좋은 책을 읽고 거기에서 다른 사람과 공유할 만한 가치 있는 안건을 뽑아 의견을 교환하는 과정이기 때문이다. 좀 더 고민해 안건을 잘 뽑으면 색다른 생각을 하거나 본래의 생각을 더욱 발전시킬 수 있다. 이것을 글로 정리할 경우 생각이 명료해지고 내면이 성장한다. 그리고 그것이 쌓이면 나중에 자신을 드러내줄 독서 이력서가 된다.

6. 듣기와 노트 정리의 달인을 만드는 비법

토론에서 이기는 전략 중 가장 중요한 것은 듣기 기술이다. 상대방 주장의 전체 흐름이나 근거, 그리고 그 근거를 부연 설명하는 세부 내용을 구분해서 듣지 못하면 심문도 반론도 할 수 없다. 토론에서 이기는 비결은 듣기에 있다. 잘 듣기 위해서는 상대가 얘기할 때 재빨리 핵심과 변두리를 구분하며 메모해야 한다. 이 기술은 단기간에 습득하기 어렵고 많은 노력과 경험이 필요하다. 전체적인 흐름을 파악하고 상대가 말하고자 하는 전체 토론의 처음과 가운데, 끝을 구분하여 듣는 연습도 필요하다. 상대의 토론 구조를 알면 내용을 받아들이기도 쉽고 반박에도 유리하다.

그런데 요즘 아이들은 대개 듣기에 약하다. 여기에는 여러 원인이 있지만 학습 현장에서 발표에만 몰두할 뿐 상호 교류가 부족한 것도 한몫을 한다. 상대방의 말을 들으며 그 핵심에 주목하고 그들의 관점을 구경·수용·비판하는 연습을 해야 하는데 그럴 기회가 도통 없으니 말이다. 교실에서도 항상 '정답'이나 '짧은 답변'만 요구받다 보니 사실상 남의 말을 잘 들을 필요성조차 느끼기 힘들다.

모든 사람에게는 자기 의견을 말할 권리와 의견을 말하는 사람에게 보충 설명을 요구할 권리가 있다. 이 권리를 행사하기 위해서는 먼저 잘 들어야 한다.

듣기는 가장 중요한 학습 기술이기도 하다. 선생님의 가르침 중 어떤 것이 중요하고 또 어떤 것이 덜 중요한지 잘 듣고 파악하지 못하면 우수한 성적을 거두기 어렵다.

토론에서는 상대방의 말을 잘 듣고 무엇이 중심 혹은 주변 내용인지 재빨리 알아채야 한다. 중심 내용은 메모하고 주변 내용은 구조를 생각하며 하부 구조에 써넣는다. 이때 그림을 이용하거나 간단한 수학 기호를 사용하는 것도 좋은 방법이다. 이러한 방법은 모두 학습에서 사용하는 기술이다.

잘 듣는다는 것은 수동적으로 가만히 앉아 있는 것을 의미하지 않는다. 영어에서도 hearing은 단순한 듣기, listening은 생각하고 의미를 파악하며 듣기로 구분하는 것처럼 토론에서의 '듣기'란 적극적이고 능동적인 듣기를 말한다. 따라서 잘 들으려면 비판적인 사고력을 갖춰야 한다. 말하는 사람이 논리적인 오류를 저지르지 않는지 알아채려면 상당한 집중력이 필요하다. 말하는 내용에 집중하지 않고 엉뚱한 것에 관심을 빼앗기면 꼭 들어야 할 것도 듣지 못한다. 잘 듣지 못할 경우 상대방의 논리적 허점에 대해 질문하거나 공격할 수 없어 불리한 위치에 놓인다.

잘 들으려면 먼저 말하는 사람을 쳐다보며 주의를 기울여야 한다. 듣다가 질문할 내용이 생기면 '?' 표시를 하며 듣는 것도 좋다. 또한 쉽게 흥분하거나 불안해하지 않고 감정을 조절하면서 듣는 것도 필요하다. 말하는 사람이 언제 강조하는지, 어떤 표정을 짓는지에 주의하면서 들으면 훨씬 잘 들을 수 있다. 특히 상대방의 말을 이해하면서 듣는 것은 생각보다 어려우므로 들을 때는 메모를 하는 것이 좋다. 이때 핵심 낱말만 재빨리 쓰거나 자신만의 독특한 기호 등을 개발해서 사용하는 것도 좋은 방법이다.

7.
공정하고
도덕적인 사회로
가는 지름길

언젠가 학부모 간담회에서 나온 질문이다.

"아이와 토론하면 괴로울 때가 많아요. 초등학교 6학년이 되자 자신의 의견과 맞지 않는 주장을 무조건 배척하는 거예요. 만약 토론 시간에도 똑같이 그러면 어떡하죠?"

다른 사람의 의견과 맞지 않는 생각이 무엇이냐고 물었더니 공부를 꼭 해야 하는가, 대학엔 꼭 가야 하는가, 돈벌이를 꼭 해야 하는가, 친구랑 꼭 잘 지내야 하는가 등이라고 했다. 그러니까 부모에게 반항하기 위해 부모가 하는 말마다 그럴듯한 '논리'를 덧붙이며 반대를 한다는 것이었다. 그 학부모는 토론수업에서도 아이가 그러면 어떻게 하느냐고 걱정했다. 나는 간단하게 그 걱정을 덜어주었다.

"걱정 마세요. 토론에서 다루는 안건은 대개 개인적, 사회적으로 답을 구할 만한 가치가 있는 것입니다. 무의미한 주제를 다루는 데 시간을 쓰는 것은 토론이 아니지요."

토론을 통해 우리가 얻으려 하는 것은 어떤 문제에 대한 정답도 아니고, 사회적 통념과 어긋나는 것을 논리만 번지르르하게 덧칠해서 말하는 궤변 같은 것도 아니다. 토론은 현시점에서 어떤 것이 더 좋은지, 개인이나 사회 발전에 더 도움이 되는 것은 무엇인지 따져보는 일이다. 또한 개선 방향을 찾아보기 위해서다.

《수일이와 수일이》(김우경 지음)에서 수일이는 가짜 수일이를 만들어 처음엔 어려운 일을 가짜에게 맡기고 좋아했지만 결국 고통에 처한다. 여기에서 가짜를 만들게 된 책임이 끊임없이 공부하고 학원에 가라고 잔소리를 한 엄마에게 있는지 아니면 엄마를 그렇게 만든 사회구조에 있는지를 놓고 토론을 할 수 있다. 우리 사회가 아이들의 성적에 얼마나 관심을 기울이는지, 대부분의 엄마가 어떻게 하는지, 그들이 그렇게 된 이유는 자신의 가치관 때문인지 아니면 사회의 영향을 받아서인지를 놓고 의견을 개진한다. 토론 과정에서는 이러한 논점을 모두 다룰 수 있다. 궁극적으로 아이들은 공정하고 도덕적인 사회가 어떤 모습이어야 하는지, 개개인이 어떤 가치관을 가지고 살아가야 하는지에 대한 생각을 정립해나간다.

토론은 한 사회가 건강하게 발전해나가는 데 필수불가결한 요소다. 구성원 모두에게 무엇이 공동체의 이익에 기여하는지 판단할 능력이 있고, 그것을 나눌 공정한 장이 있다면 민주적이고 좋은 사회가 될 것이다. 어떤 세상이 좋은 세상이냐고? 내가 생각하기엔 도덕적이고 공정하면 된다. 그런 의미에서 토론은 좋은 사회를 만들기 위해 구성원 모두가 잘해내야 하는 능력이다. 더 중요한 것은 토론이 사람들에게 공동체의 일원으로서 삶의 방식을 생각해볼 계기를 마련해준다는 점이다. 토론 교육을 통해 아이들이 공부하는 이유와 살아가는 이유를 더 많이 생각한다면 얼마나 좋을까.

8.
토론은 독서와 논술 실력의 밑바탕

읽기는 저자의 사상을 받아들이는 과정이자 저자와 토론하는 과정이다. 사람의 다양성을 고려할 때 저자와 독자의 신념 및 가치관이 완전히 일치하기는 어렵다. 그런 의미에서 독자는 비판적으로 책을 읽어야 한다. 흔히 사람들은 비판과 비난을 혼동하지만 그 둘은 엄격히 말해 개념이 다르다.

비난은 상대가 무엇을 하든 반대편에 서서 좋지 않게 받아들이거나 말하는 것인 데 반해, 비판은 한 발 물러서서 자신의 생각과 엄격하게 견줘 옳고 그름을 찾아내는 것이다. 비판에 날을 세우면 비난처럼 들릴 수 있지만 그래도 둘은 개념이 다르며 실생활에 적용하는 것도 다르다.

책은 비판적으로 읽어야 한다. 즉, 저자와 한 걸음 떨어져서 혹은 한 단계 위에서 내려다보며 저자가 말하는 내용의 사실과 의견을 구별해야 한다. 나아가 자신의 가치관에 견줘 그것이 받아들일 만한지 그렇지 않은지 판단해야 한다. 이러한 능력을 길러주는 최적의 도구가 바로 토론이다. 토론을 하면 책을 훨씬 더 잘 읽을 수 있다.

독서 자세를 보고 평가할 경우 독자를 두 종류로 나눌 수 있다. 하나는 피상적인 독자고 다른 하나는 심층적인 독자다. 비판적인 읽기는 자료를 이해하는 데 급급한 피상적인 독서와는 다르다. 이 경우엔 글의 내용뿐 아니라 그 전개 방식과 저자의 주장을 분석하며 읽기 때문에 심층적인 사고 기술을 익힐 수 있다. 결국 비판적인 독자는 텍스트를 분석적으로 이해하는 것은 물론 읽은 내용을 창의적으로 재생산하는 과정을 거쳐 좋은 독자로 거듭난다.

비판적으로 읽으라고 하면 더러 문법적 오류나 표현 형식, 내용 구조의 잘못을 찾아내라는 것으로 오해하는 학생도 있다. 진정한 비판적 읽기란 한 발 물러서서 저자의 주장을 자기 의견과 견줘가며 읽는 것을 말한다. 다시 말해 열린 마음으로 글을 읽는 자세다.

글을 비판적으로 읽으려면 두 가지 측면에 초점을 맞추는 것이 좋다. 첫째는 저자가 주장하는 내용이고, 둘째는 저자가 자신의 논의를 어떤 방식으로 제시했는가를 보는 것이다. 즉, 저자가 주장하는 내용이 적절한지 그렇지 않은지 판단하고 글의 구조를 면밀히 파악하면서 읽어야 한다.

이러한 비판적 읽기는 기본적으로 과학적인 사고를 전제로 한다. 그런데 토론은 과학적인 사고의 경연이므로 결국 토론을 잘하면 비판적인 읽기도 잘할 수 있다. 나아가 토론은 말로 하는 주장이고 논술은 그것을 글로 나타낸 것이므로 토론을 잘하면 논술도 잘할 수 있다(물론 독서는 토론과 논술의 바탕이다. 스스로 아는 것이 없으면 토론과 논술에서 상당히 불리하다. 논술을 잘할 경우 읽기와 토론도 더 잘한다. 이처럼 독서, 토론, 논술은 언어력을 기본 조건으로 한다는 점에서 서로 긴밀히 연결되어 있다).

9. 토론 실력을 기르려면 꾸준히 연습해야 한다

내게 독서토론을 배우러 오는 학생들의 부모가 하는 일은 매우 다양하다. 그 면면을 보면 그들이 토론을 가르칠 줄 몰라서 내게 맡기는 것은 아닌 듯하다. 내가 보기에 반복적인 연습 기회를 주기 위해 아이를 내게 보내는 것 같다. 토론의 관건은 사고력에 있다. 그런데 스스로 생각하는 힘과 생각을 꿰어 하나의 주장으로 조직하고 그것을 설득력 있게 말하거나 글로 쓰는 사고력은 하루아침에 생성하거나 발달하지 않는다.

토론은 지식이 아니라 능력이다. 이 능력은 하루아침에 갖추기 어렵고 일정 기간 끊임없는 훈련과 연습이 필요하다. 내가 지도하는 학생들도 처음에 발표할 때는 평균 발언 시간이 40초 정도에 불과하다. 20초 미만의 발언도 허다하다. 발언도 도대체 누구를 향해 무슨 말을 하는지 모를 만큼 횡설수설인 경우도 있다. 그러던 아이들이 수개월이 지나면 토론을 즐기는 모습으로 변모한다. 무엇보다 그 변화를 스스로 확인하면서 모두들 즐거워하며 자신의 성장을 기꺼이 축하한다.

가끔 아파트 확성기를 통해 경비원이 방송을 할 때가 있다. 배전반 공사로 인터넷이 끊긴다거나 단수가 있을 경우 알려주는 것이다. 그런데 그 말을 들으며 매끄럽지 못하다고 느낄 때가 가끔 있다. 앞뒤 말이 서로 호응하지 않고, 문법에도 맞지 않으며, 말의 유연성 자체가 부족해 듣기가 불편한 경우도 있다.

학생들에게 자기 의견을 발표해보라고 하면 더 황당한 일을 겪는다. 도저히 초등학생이라고 보기 어려울 정도로 자기 생각을 매끄럽게 표현하지 못하는 아이가 의외로 많다. 특히 학교에서 발표와 담을 쌓은 아이의 경우 발성 자체를 힘들어하기도 한다. 간신히 발표를 해도 무슨 말을 하는지 알아듣기 어렵고 문법은 어디에 두고 왔는지 비문 투성이 말이 쏟아진다. 그런데도 우리말을 잘한다고 자신 있게 말할 수 있을까?(물론 말할 때 완벽하게 문법에 맞는 문장만을 말하는 사람은 아주 드물다.)

토론에서 가장 중요한 것은 토론자의 두 가지 의무다. 첫째는 자기 의견을 정당화_{근거를 제시하거나 이유를 들고 그 이유를 자세히 풀어서 설명하는 일}하는 일이고, 둘째는 반론을 의식하고 잠재우는 일이다. 이 두 가지를 연습하면 아이들의 생각은 논리적 체계를 갖게 되고, 생활 속에서나 학습 활동 과정에서 비판적 사고를 통해 더 잘 배울 수 있다.

토론자의 이러한 의무를 머리로 이해하는 것은 아주 쉽다. 반면 그것이 일상생활에서 늘 가동하는 '능력'이 되게 하려면 부단한 연습이 필요하다. 가장 좋은 방법은 그 연습을 가족과 함께하는 것이다. 우선 가족은 가장 많은 시간을 함께 보내며 식사, 운동, 여행 등을 공유하는 공동체다. 그만큼 의견을 교환할 기회가 많다. 토론 안건(찬성과 반대가 있는 진술을 토론에서 안건proposition이라고 한다)도 쉽게 생긴다. 아이의 용돈이나 부모와 다른 취향의 아이 옷차림 등을 놓고 토론도 가능하다.

더 좋은 것은 책을 읽은 뒤에 하는 독서토론이다. 이것은 능동적인 독서 태도를 기르게 하는 길이자 논리적 사고를 확장하는 연습이다. 특히 토론한 것을 글로 쓰면 논술이 되므로 가정 독서토론은 독서와 토론, 논술을 한꺼번에 잡는 비법이다.

그런데 토론을 잘하려면 몇 개월씩 연습을 해야 하느냐고? 나도 어떤 비법이나 지름길이 있었으면 좋겠다. 하지만 현장에서 오랫동안 아이들을 지켜보면서 내가 내린 결론은 애석하게도 지름길은 없다는 것이다. 아이들의 사고력은 노력한 만큼 향상되고, 아이들은 연습한 시간만큼 훌륭한 토론자가 된다.

물론 이러한 발전 과정에도 예외는 있다. 다른 모든 분야와 마찬가지로 토론 능력을 타고난 아이들도 있다. 이들은 언어 감각이 뛰어나 말을 빨리 배운다. 특히 평소 독서량이 많아 아는 것이 많은 아이는 몇 번만 연습해도 깜짝 놀랄 만큼 실력이 향상된다. 하지만 내 아이가 그런 '천재'이기가 어디 쉬운가. 어딜 가든 공부하지 않아도 일등을 하는 아이는 따로 있는 것처럼 독서토론에서도 대다수는 연습이 필요하다.

그래도 그 과정을 기꺼이 감수하면 아이들은 평생 무기가 되어줄 논술 능력, 그것도 말도 잘하고 글도 잘 쓰는 진짜 실력을 갖출 수 있다. 토론 방법을 머리로 배우는 것은 쉽지만 그것을 자기 실력으로 만들려면 일정 정도 시간과 노력이 필요하다.

CHAPTER

2

토론
기본 규칙과 형식

1.
토론
기본 원칙

먼저 '토론Debate'이라는 용어를 설명하고 넘어가야겠다. 우리말로는 토론 혹은 토의라고 번역하는데 토론과 토의는 사실 다른 개념이다.

토론은 형식과 격식을 갖춘 말하기다. 포괄적인 개념으로 쓰이는 토론은 주어진 안건을 놓고 서로 반대 입장에 있는 사람들이 공정한 규칙을 지키며 상대를 설득하는 말하기다. 이것은 서로 생각을 교환하는 과정에서 합리적인 의사소통이 얼마나 중요한지, 사람들 사이에 얼마나 다양한 생각이 존재하는지 알게 해주는 대화의 한 형식이다.

토의는 참가자들끼리 경험을 공유하거나 어떤 문제에 대한 의사를 결정하기 위해서 한다. 여기에는 일정한 답이 없으며 말하는 과정이 곧 답을 찾는 과정이라고 볼 수 있다.

토론은 시작부터 자기 견해를 가지고 출발한다. 어떤 문제에 대해 서로 반대 입장인 사람들이 공정한 규칙을 지켜가며 서로를 설득하는 과정이 토론이다. 따라서 토론은 토의가 끝난 지점에서 출발한다. 이

때 서로 의견이 다르면 자칫 감정싸움으로 번질 수도 있다. 사람은 감정의 동물인지라 상대가 나와 생각이 다르거나 자기 생각이 더 좋다고 면전에서 강조하면 아무래도 부담이 생기게 마련이다.

이 과정을 민주적으로 잘 넘기는 의사소통법을 배우면 차츰 여러 생각을 자연스럽게 받아들인다. 나아가 서로 의견이 다른 사람과 나누는 대화를 즐기며, 자기 의견이 더 좋다는 점을 내세우기 위해 창의적이고 효과적인 근거를 들고자 노력하다 보면 사고방식 자체가 과학적으로 바뀐다. 이 능력이 비판적 독서와 창의적 독서를 가능하게 하는 힘이다.

서양에서는 토론의 역사가 아주 오래되었다. 고대 그리스의 아고라 광장에서 시민들의 참여로 시작된 토론은 18세기에 영국에서 그 전통을 이어받았다. 1714년에는 스코틀랜드의 세인트 앤드루스 대학이 토론을 학문의 영역으로 도입했다. 1815년에는 케임브리지 대학이 토론 교육을 시작했고 이것을 시발점으로 수많은 대학으로 퍼져 나갔다. 서양에서는 '토론이 제2의 천성'(《생각의 지도》, 리처드 니스벳)이라고 할 만큼 흔하게 벌어진다. 니스벳은 "서양은 토론하는 일에, 동양은 화합하는 일에 최우선 가치를 둔다"고 말하기도 했다.

토론은 양면 사고의 가치를 알게 해주며 민주적이고 합리적인 방식으로 여러 사람의 의견을 결집하는 최고의 방법이다. 이러한 토론의 규칙은 상황에 따라 약간 다르게 만들 수 있지만 다음과 같이 어떤 경우에도 지켜야 하는 대원칙이 있다.

- 토론에서는 안건을 다룬다.
- 토론은 찬성편과 반대편이 있어야 한다.
- 양쪽 토론자는 같은 시간과 같은 횟수만큼 발언한다.
- 토론은 반드시 찬성편에서 먼저 시작하고 마지막 발언도 찬성편에서 끝낸다.(공공 포럼 토론 형식은 예외다. 133쪽 참고)

심리적인 면에서만 보자면·토론에서 반대편 토론자가 약간 유리하다고 할 수 있다. 먼저 토론을 시작하는 것보다 일단 상대방의 말을 듣고 그에 적절히 대응하는 것이 조금은 더 유리하기 때문이다. 반대편에 불리함을 만회할 기회를 준다는 차원에서나 정책 토론에서 입안자가 먼저 취지를 설명하는 것을 고려해 모든 토론은 찬성편이 먼저 시작한다. 마지막 발언도 찬성편이 한다.

가끔 아이들이 이런 제안을 한다.

"선생님, 오늘은 반대부터 하면 안 돼요?"

안 된다. 왜냐하면 어떤 토론이든 반대편에 서서 주장을 펴는 사람이 약간 더 유리할 수밖에 없기 때문이다. 그래서 원칙을 정한 것이다. 이럴 때는 토론의 심리적인 면을 설명하고, 서브가 있어야 경기가 시작되는 것처럼 찬성편이 입론 발언을 해야 토론이 가능하다는 점을 알려줘야 한다.

정리하면 토론의 기본적인 흐름은 다음과 같은 순서로 이뤄진다.

(주장 펼치기) 찬성 입론과 반대 입론

(반론 펼치기) 찬성 반론과 반대 반론

(주장 다지기) 반대편 최종 정리-찬성편 최종 정리

토론의 기본 흐름

찬성편		반대편
입론 ☐	→	☐ 입론
반론 ☐	→	☐ 반론
최종 발언 ☐	←	☐ 최종 발언

교육적인 목적의 독서토론은 다음과 같은 순서로 이뤄진다.

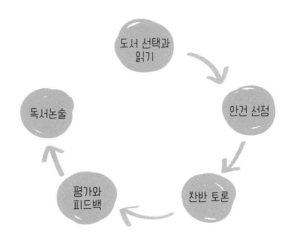

토론은 여러 맥락에서 행해진다. 가정에서 해결해야 할 문제를 두고 부모와 자녀 간에 벌어지는 대화도 토론의 형식을 취할 수 있다(물론 어렵긴 하다. 어느 부모가 자녀와 동등한 기회, 동등한 시간을 쓰며 대화를 나누려고 할까). 공식적이고 공정한 기회를 공유하며 대화를 나누고자 할 때 다음과 같은 사람들이 관련된다.

(1) 사회자

사회자는 토론을 진행하는 역할을 담당한다. 보통 토론 연사를 소개하고 발언 순서, 발언 시간, 토론 과정에서 지켜야 할 규칙 등 토론 방법을 안내한다. 또 미리 정한 순서에 따라 토론을 이끌어간다. 사회자는 사전에 약속한 순서대로 잘 정리해나가는 역할을 하므로 크게 머리를 쓰거나 복잡한 문제를 해결해야 하는 일은 많지 않다.

토의에서 사회자가 고루 발표할 기회를 제공하고, 중간중간 발언 내용을 정리 및 요약해 알리거나 결과에 이르도록 유도하는 등의 역할을 하는 것에 비하면 비교적 단순하다고 볼 수 있다.

> 지금부터 토론을 시작하겠습니다. 오늘의 안건은 ~입니다.
> 찬성편 1번 발표자는 ○○○이고 2번 발표자는 ○○○입니다. 반대편
> 1번 발표자는 ○○○이고, 2번 발표자는 ○○○입니다. 오늘은 질문
> 식 토론을 하겠습니다. 발표 시간은 각각 3분이며 질문 시간은 2분입
> 니다. 그리고 반론하기 시간은 2분입니다.
> 오늘의 토론 평가는 ○○○ 선생님께서 해주시겠습니다.
> 자, 그럼 찬성편 1번 발표자인 ○○○, 발표해주십시오.

(2) 찬반 토론자

토론은 찬성편 토론자와 반대편 토론자로 구성된다. 토론자는 찬성이나 반대편에 서서 자기편의 주장이 옳다는 것을 발표하는 사람을 말한다. 팀으로 토론할 경우 각각의 토론자에게는 자기 역할이 있다. 그역할에 충실해야 좋은 토론이 된다.

여기서 문제는 누가 찬성하고 또 누가 반대할 것이냐 하는 점이다. 정책 토론의 경우 애초에 정책 제안을 하는 팀이 있기 때문에 문제가 없지만 교육 토론에서는 이것이 쉽지 않다. 아이들이 토론을 잘하는 아이의 편에 서고 싶어 하는 경우도 많고, 모든 학생이 한쪽 입장을 지지하는 경우도 있기 때문이다.

이럴 때는 참가자들에게 토론의 목적을 다시 한 번 상기시킨다. 애초에 교육 토론의 목적이 이기는 데 있지 않고 어떤 의견이 더 좋은지 알아보고자 역할을 분담하는 것이기 때문이다. 마음에 들지 않아도

맡아서 해보거나 오히려 자기주장을 접고 상대편의 입장에서 주장해 보는 경험은 매우 특별할 수 있다.

■ 제1차 접전 : 입론

토론의 출발점은 입론이다. 입론은 자기편의 주장을 종합적으로 설명해서 일종의 도화선 같은 역할을 한다. 이는 스포츠 경기에서 서브를 넣는 것과 같다. 일단 시작하는 쪽에서 자신이 찬성하는 이유나 어떤 정책을 제안하는 이유를 먼저 말해야 토론이 시작되기 때문이다. 입론의 기본적인 전개 순서는 다음과 같다.(부록 B. 15. 토론 연습-입론 참고)

- 인사와 신상 밝히기
- 안건 해석/용어의 개념 정리
- 전체 주장 안내Introduction
- 종합 결론과 마지막 인사

① 인사와 신상 밝히기

토론을 시작할 때 가장 먼저 하는 것은 공손한 인사와 자신이 누구인지 밝히는 일이다. 처음에는 많은 아이가 의외로 이것을 빼먹곤 한다. 공적인 말하기 경험이 많지 않기 때문이다.

> 안녕하십니까? 저는 찬성 1번 토론자 ○○학교 6학년 ○○○입니다.

② 안건 해석/용어의 개념 정리

안건에 사용한 용어와 낱말의 개념을 정리하고 시작한다. 그래야 논의의 범위가 명확해진다. 대체로 찬성 입론자의 개념 규정에 따라 이후의 토론이 진행되지만 간혹 찬성편이 역할을 잘못하면 반대 입론자가 재규정하기도 한다.

저희 팀은 여우는 현명한 동물이라는 안건에 찬성합니다. 여기서 현명하다는 말의 뜻은 시간이나 에너지 낭비 없이 어떤 일에 신속히 이르는 태도나 마음자세를 말합니다.

③ 전체 주장 안내

토론에서는 토론자가 화자로서의 책임을 다할수록 유리하다. 듣는 이가 알아서 들어줄 것으로 기대해서는 안 된다. 토론에서 "개떡같이 말해도 찰떡같이 알아듣는다"는 우리 속담은 통하지 않는다. 오히려 이 경우에는 "말하지 않는 것은 없는 것이나 마찬가지다"는 서양 속담이 더 어울린다. 앞으로 몇 가지 근거를 댈 것인지 미리 안내하면 듣는 사람에게 이정표를 제시하는 것과 같은 효과를 낸다.

저희가 이 안건에 찬성하는 이유로는 두 가지가 있습니다. 첫째 경제성, 둘째 자신의 능력에 대한 정확한 평가를 했다는 점입니다.

④ 주장 펼치기

본격적인 주장이 드러나는 부분이다. 안내하면서 밝힌 근거를 자세히 설명하고 논증하는 과정이다. 충분히 납득할 수 있도록 여러 가지 방법을 동원해서 설명해야 한다.

저희 주장의 근거를 하나씩 자세히 설명하겠습니다. 첫째, 경제성이란 기회비용을 말합니다. 여우가 포도를 포기하지 못하고 계속해서 뛰어오를 경우 이내 지치고 말 것입니다. 그렇지 않아도 하루 종일 굶어서 힘이 없고 에너지가 고갈된 여우에게 이런 행동은 자신을 갉아먹는 고행에 불과합니다. 차라리 그 시간과 에너지를 아껴 다른 대체물을 찾아보는 것이 현명할 것입니다. 이런 면에서 여우는 매우 현명했다고 판단합니다. 둘째, 여우는 자신의 능력을 정확히 평가했습니다. 자기가 아무리 노력해도 포도를 도저히 딸 수 없다는 걸 안 것입니다. 여우는 결국 포기했고 미련 없이 그 장소를 떠났습니다. 떠나면서 여우가 '저 포도는 시어서 못 먹을 거야'라고 말한 것은 스스로를 위로한 것입니다. 그런 면에서 여우는 아주 현명한 동물이라고 생각합니다.

⑤ **결론과 마지막 인사**

지금까지 말한 내용을 간단히 요약해서 듣는 이가 집중하게 한다. 그리고 들어준 것에 대한 감사의 표현을 덧붙이고 끝낸다.

저희는 지금까지 경제성과 평가 측면에서 안건에 찬성하는 이유를 말씀드렸습니다. 어떤 면으로 보아도 여우는 현명한 행동을 했다는 결론에 이를 수 있습니다. 지금까지 경청해주셔서 감사합니다.

찬성편 입론 예

안건: 여우가 포도를 포기한 것은 현명한 선택이다.

찬성 ⟶ 저희 팀은 여우는 현명한 동물이라고 생각합니다. 여기서 현명하다는 말의 뜻은 시간이나 에너지 낭비 없이 어떤 일에 신속히 이르게 하는 태도나 마음 자세를 말합니다. 저희는 이 안건에 찬성하는 이유를 경제성과 자신의 능력에 대한 정확한 평가라는 두 가지로 들겠습니다.

첫째 이유는 경제성이 높다는 점입니다(경제성이란 기회비용을 말합니다. 여우가 그 포도를 포기하지 못하고 계속 뛰어오를 경우 이내 지치고 말 것입니다. 그렇지 않아도 하루 종일 굶어서 힘이 없고 에너지가 고갈된 여우에게 이런 행동은 자신을 갉아먹는 고행에 불과합니다. 차라리 그 시간과 에너지를 아껴서 다른 대체물을 찾아보는 것이 좀 더 현명할 것입니다). 이런 면에서 여우는 매우 현명했다고 생각합니다.

두 번째 이유는 여우의 자기 평가의 정확성입니다(여우는 자신을 잘 알았다고 생각합니다. 여우는 자기가 아무리 노력해도 포도를 도저히 딸 수 없음을 알았습니다. 포기할 시점을 정확히 안 여우는 미련 없이 그 장소를 떠났습니다. 떠나면서 여우가 '저 포도는 시어서 못 먹을 거야'라고 한 말은 스스로를 위로하기 위한 것입니다). 이런 면에서 여우는 아주 현명한 동물이라고 생각합니다. 경청해주셔서 감사합니다.

반대 저희 팀은 여우가 현명한 동물이라는 안건에 반대합니다. 현명하다는 말의 정의에 대해서는 찬성편의 말씀에 동의하지만 여우가 현명한가에 대해서는 그렇지 않다고 주장하겠습니다. 그 이유는 첫째 포기하는 습관이 몸에 밸지 모르기 때문이고, 둘째 다른 수단을 강구하지 않았기 때문입니다.

첫째, 포기하는 습관이 몸에 밸 우려가 있습니다. 여우가 포도를 따기 위해 자기 나름대로 열심히 노력했다고 보기는 어렵습니다. 겨우 몇 번 펄쩍펄쩍 뛰어본 것밖에 없습니다. 이렇게 쉽게 포기하면 나중에 어떤 일이든 조금만 어려움이 닥쳐도 쉽게 포기할지 모릅니다. 삶이 어디 쉽기만 합니까? 어려운 일을 견뎌내지 못하고 곧바로 포기하는 것이야말로 현명하지 못한 삶의 자세라고 생각합니다.

둘째, 다른 수단을 강구하지 못한 어리석음을 보였습니다. 여우는 조금 쉬었다가 힘을 모아 다시 시도하거나 주변에 이용할 만한 어떤 조건이 있는지 알아보려는 노력을 하지 않았습니다. 단세포적으로 본능에 따라 몇 번 뛴 것이 전부이므로 어떠한 현명함도 보여주지 못했다고 봅니다. 우리 삶에도 쉽게 해결할 수 있는 문제보다 주변의 조건을 다 따져보고 깊이 있게 생각해야 해결이 가능한 문제가 많습니다. 그런 자세를 보여주지 못한 여우는 결코 현명한 동물이 아니라고 생각합니다. 지금까지 제 이야길 들어주셔서 깊이 감사드립니다.

정책 안건의 입론

특별히 정책 안건을 입론할 때는
다음과 같은 순서로 말하는 것이 좋다.

1. 문제의 중요성
그 문제는 매우 중요한가.

2. 심각성 부각
문제의 원인(현 정책에 그 원인이 있음을 분명히 밝힌다.)

3. 실행 가능성 강조
누가/어떻게/언제부터 하는 것이 가능한지 밝힌다.

4. 문제 해결에 대한 확신
성공하는가/문제의 원인 분석은 옳은가.

5. 이익이 불이익을 상회한다
불이익이 있다면 무엇인가, 그것은 이익으로 상쇄할 만큼 사소한가,
불이익이 있지만 미리 대책을 세웠는가 등을 언급하며 확실성을 강조한다.

■ 제2차 접전 : 반론

반론은 반론 펴기와 반론 펼치기로 구분할 수 있다. 반론 펴기는 심문 과정이고 반론 펼치기는 정식으로 상대방의 입론에 반대하는 이유를 말하는 것이다.(부록 B. 16. 토론 연습-반론 참고) 반론은 다음과 같이 진행한다.

- 인사와 도입부
- 상대방 발언 재언급
- 논박
- 정리와 마지막 인사

① **인사와 도입부**

자신이 누구인가를 밝히고 시작한다. 한 가지 팁은 이쯤에서 현재 위치를 말해주는 것이다. 사실 토론이 진행되면 말하는 사람이나 듣는 사람 모두 위치를 잠깐씩 혼동할 때가 있다. 그런 사람을 위해 현재 우리가 어떤 안건으로 토론하고 있고, 자신이 무슨 말을 하러 나왔는지 알려주면 듣는 사람들에게 굉장히 친절하고 좋은 인상을 준다.

안녕하십니까? 반대편 1번 토론자 ○○○입니다. 우리는 지금 (안건)에 대해 토론하고 있습니다. 찬성편에서 아주 좋은 주장을 했지만 우리는 여러 면에서 의견이 다릅니다.

좋은 의견을 내준 것에 감사드립니다.
참 좋은 의견이지만 수긍이 가지 않는 점이 몇 가지 있습니다.
상대팀이 말씀하신 것에 대해 반론을 하겠습니다.
우리는 결코 동의할 수 없습니다.

② 상대방 발언 재언급

반론을 시작하기 전에 상대 쪽에서 말한 핵심을 요약해서 말한다. 그래야 어떤 말을 듣고 반론을 하는지 명확해진다.

> 다른 팀에서 말하기를 ~라고 하였습니다.
> 상대팀은 ~, ~, ~라고 언급하였습니다.

③ 논박

이제 상대 쪽에서 말한 것에 대해 조목조목 논리적으로 반박한다.

> 그것이 사실이라고 해도 그게 중요한 것은 아닙니다.
> 그것은 쉽게 해결할 수 있는 문제입니다.
> 그것이 사실일 수도 있습니다. 하지만 둘 사이에는 아무 관계가 없습니다.
> 그렇게 믿는 사람도 있을 것입니다. 하지만…….
> 누군가는 그런 주장을 받아들일 수도 있을 것입니다. 하지만…….
> 그것이 (항상) 사실일 수는 없습니다. 왜냐하면…….
> 그것이 반드시 사실인 것은 아닙니다. 왜냐하면…….
> 오히려 우리는 ~한 면에서…….

④ 정리와 마지막 인사

지금까지 들어준 사람에 대한 감사인사를 끝으로 발언을 끝낸다.

> 지금까지 제가 말씀드린 것은 세 가지입니다. 상대측 발언이 아주 나쁘다고 생각하지는 않지만 받아들이기는 어렵기 때문에 반론을 해보았습니다. 경청해주셔서 감사합니다.

■ 제3차 접전: 주장 다지기

지금까지 말한 내용을 간단히 요약 및 총정리하는 역할을 맡는다. 이때 들어준 것에 대해 감사를 표현하는 예의를 갖춰야 한다. 주의할 점은 제3차 접전은 반대편에서 먼저 시작한다는 점이다.

그러면 여기서 잠깐 팀 토론의 가치를 살펴보자. 팀 토론에서는 개인전과 달리 팀이 힘을 합쳐 논리를 전개하는 것이 중요하다. 처음에 A라는 의견을 냈다면 팀 동료들과 협조해 입론과 방어를 하는 과정에서 논리가 더욱 성숙하고 발전해 A'라는 더 좋은 의견을 낼 수 있다. 그 과정을 잘 드러내는 것이 최종 발언이다.

마지막 토론자가 창의성을 발휘해 '입론+반론+재입론' 혹은 '반론+반론 꺾기+재입론' 등 여러 가지 방법으로 자기편의 주장이 더 옳았음과 논증이 치밀했음을 보여주면 된다. 그리고 들어준 청중과 심사를 맡은 사람들을 향해 감사의 인사를 한다.

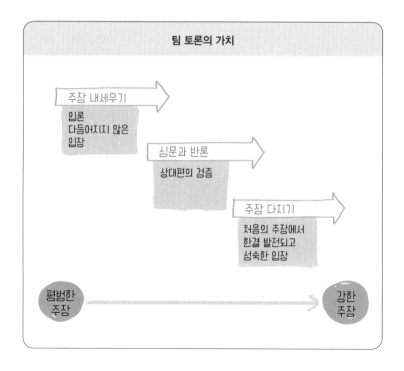

(3) 심판

토론의 승패를 판정하는 역할을 담당한다. 운동 경기에서의 심판 같은 역할을 하는 것이다. 판정 방법은 사전에 준비한 판정 기준에 따른다.

판정 기준
가. 좀 더 토론을 잘한 팀이 승자가 된다.
나. 판정은 철저하게 토론 내용을 바탕으로 한다.
다. 판정은 찬성편과 반대편이 충분히 받아들일 만해야 한다.

오늘 토론에 참가한 두 팀의 발표자와 사회자, 시간을 잰 학생 그리고 청중 모두 수고 많았습니다. 오늘 토론의 승리자를 발표하겠습니다. 우선 찬성편의 점수는 ○점입니다. 반대편의 점수는 ○점입니다. 오늘의 우승팀은 찬성편입니다. 모두 박수로 축하해주세요.

(4) 계시원

때로 시간을 재는 사람을 둘 수 있다. 3분 정도 토론한다면 '1분 남았습니다'나 '30초 남았습니다' 등의 멘트를 해줌으로써 토론자가 시간을 엄수하도록 돕는다(토론자가 초시계를 따로 준비해도 된다).

(5) 청중

토론을 지켜보는 관중으로 이들의 반응 정도가 심사자의 평가에 영향을 미치기도 한다. 하지만 토론에 영향을 미칠 수 있는 행위는 삼가야 한다. 최대한 토론자를 배려하고 존중하는 성숙함을 보이는 것이 좋다.

3.
토론 형식

토론을 진행하려면 다양한 토론 형식을 알아두는 것이 좋다. 토론 형식은 굉장히 다양하며 전통이 있는 학교나 단체는 자기들만의 형식을 고수하는 경우가 많다. 여기에서 그 토론 형식을 일일이 살펴볼 수는 없으므로 실제 교육 현장에서 활용 가능하고 아이들이 흥미롭게 참여하는 형식을 알아보자.

(1) LD 토론 Lincoln-Douglas Debate

가장 기본적인 토론 형태다. 서로 의견이 다른 사람들이 자기주장을 내세우며 상대와 토론하는 일은 가정이나 학급에서 다양하게 일어난다. 특히 토론할 만한 안건이 생기면 언제든 토론이 가능하다. 찬성 의견인 사람이 먼저 말하고, 같은 발언 기회와 같은 시간 동안 말한다는 대원칙을 지키면서 여러 번 발언을 주고받으며 이어가면 된다. 좀더 형식적인 자리라면 두 사람 간에 몇 번의 발언 기회를 가질지 미리 약속하고 말하는 것도 좋은 방법이다.

어떤 면에서 보면 우리가 일상생활에서 주고받는 모든 대화는 1:1 토론이라고 할 수 있다. 무조건 자기 의견만 고집하거나 권위 혹은 지위를 내세워 일방적으로 길게 말하는 것, 오로지 자기주장을 관철하기만 바라는 것은 진정한 대화가 아니다.

1:1 토론에서 참고로 할 만한 형태는 링컨 대 더글러스의 토론이다. 이것은 1858년 주지사 선거에 출마한 링컨과 더글러스가 진행한 토론을 말한다. 당시 미국은 남북전쟁이 벌어지기 전이었고 두 후보자는 여러 도시를 옮겨 다니며 주로 노예해방 문제에 대해 토론을 벌였다. 이후 그 토론은 'LD 토론'이라는 이름으로 널리 퍼져 나갔다. 이형태는 가정과 학급에서 학생 두 명이 1:1로 토론할 때 응용하기에 적절한 형태다. 약간씩 형식을 변경하여 진행하기도 한다.

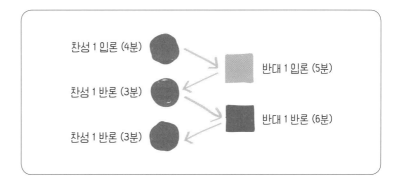

찬성 1 입론 (4분) → 반대 1 입론 (5분)

찬성 1 반론 (3분) → 반대 1 반론 (6분)

찬성 1 반론 (3분)

(2) 공공 포럼 토론 PFD, Public Forum Debate

공공 포럼은 두 사람씩 짝을 이뤄 토론하는 방법 중 가장 대표적인 방식이다. 두 사람이 아래의 역할을 두 번씩 나눠서 진행한다. 경우에 따라 한 팀을 네 명으로 해서 순서를 맡아 진행할 수도 있다.

	순서 및 역할	시간
1	입안(Team A, 1st Speaker)	4
2	입안(Team B, 2nd Speaker)	4
3	상호심문(Crossfire between 1&2)	3
4	반박(Team A, 3rd Speaker)	4
5	반박(Team B, 4th Speaker)	4
6	상호심문(Crossfire between 3&4)	3
7	요약(Summary by Team A, 1st Speaker) *반복과 반박	2
8	요약(Summary by Team B, 2nd Speaker)	2
9	전원 상호심문(Grand Crossfire by All Speakers) *심판과 청중을 향함	3
10	마지막 초점(Final Focus by Team A, 3rd Speaker) *오늘 심판께서 저희 팀의 손을 들어주셔야 하는 이유는 …입니다.	2
11	마지막 초점(Final Focus by Team B, 4th, Speaker)	2
준비시간(Prep Time): 팀별로 필요 시 총 2분 사용 / 동전을 던져 찬·반 혹은 순서를 결정		

(3) 표준 교육 토론Academic Debate

가장 기본적이고 교육 현장에서 많이 다루는 토론 형식이다. 세 명이 한 팀을 이뤄 진행하는 형식이기 때문에 서로 협조하고 아이디어를 공유하며 발전시키기 쉽다. 대부분의 토론대회에서 차용하는 방식으로 내가 5년 동안 주관한 성동구립도서관 토론대회나 2년 동안 주관한 강서구립도서관 토론대회에서도 이 형식을 고수하고 있다.

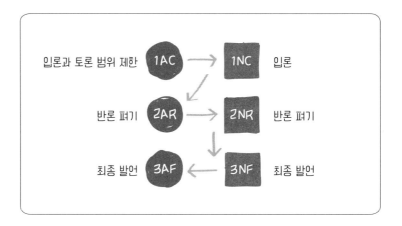

1. 찬성 1번의 입론 및 토론 범위 제한1AC; First Affirmative Constructive Speech
2. 반대 1번의 입론1NC; First Negative Constructive Speech
3. 찬성 2번의 반론2AR; Second Affirmative Rebuttal
4. 반대 2번의 반론2NR; Second Negative Rebuttal
5. 반대 3번의 최종 발언주장 다지기. 3NF; Third Negative Final Speech
6. 찬성 3번의 최종 발언주장 다지기. 3AF; Third Affirmative Final Speech

(4) 교차 조사 토론 CEDA 방식, Cross Examination Debate Association, 총 35분

이 방식은 앞서 살펴본 교육 토론 중간에 질문 과정을 추가한 형식이다. 토론에서 질문이 필요한 이유는 질문하는 사람이나 답변하는 사람의 순발력과 재치를 볼 수 있기 때문이다. 또 질문식 토론에서는 듣기 태도가 굉장히 적극적이다. 상대방의 의견을 주의 깊게 듣다가 질문 포인트가 생기면 날카롭게 질문해야 하기 때문이다.

진행 방식은 아래와 같다.

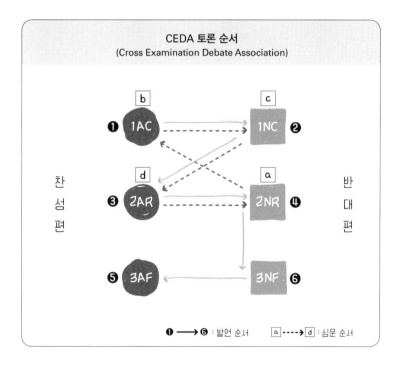

1. 찬성 1번의 입론 및 토론 범위 제안 1AC; First Affirmative Constructive Speech

2. 반대 2번의 심문 2nd Negative Cross-examination

3. 반대 1번의 입론 1NC; First Negative Constructive Speech

4. 찬성 1번의 심문1st Affirmative cross-Examination

5. 찬성 2번의 반론2AR; Second Affirmative Rebuttal

6. 반대 1번의 심문1st Negative cross-Examination

7. 반대 2번의 반론2NR; Second Negative Rebuttal

8. 찬성 2번의 심문2nd Affirmative Cross-Examination

9. 반대 3번의 최종 발언주장 다지기. 3NF; Third Negative Final Speech

10. 찬성 3번의 최종 발언주장 다지기. 3AF; Third Affirmative Final Speech

(5) 원탁 토론

원탁 토론은 여러 명의 참가자가 둥그렇게 둘러앉아 토론하는 방법이다. 우선 한 명의 토론자가 발표하면 나머지 참가자가 전부 질문과 응답을 통해 토론한다. 나머지 토론자의 입장은 미리 정해도 되고 그렇지 않아도 상관없다. 발표한 후에는 여러 명의 토론자와 대결해야 하므로 더욱 긴장하게 되지만 그만큼 토론에 집중할 수 있다.

교육 목적으로 토론할 때는 원탁 토론을 변형해 한 사람이 발표한 후 다음 사람이 무조건 앞사람의 토론에 대해 코멘트하고 자기 의견을 덧붙이게 할 수도 있다. 이것은 적극적인 듣기에 크게 도움을 주는 방법이다.

(6) 다인 토론토론 워크숍

1:1이나 3:3 토론 형식도 흔히 사용하지만 때로 많은 학생을 대상으로 토론 워크숍을 진행하기도 한다. 이때 대표들을 뽑아 연단으로 불러 토론 시범을 보이기도 하는데 대체로 모든 학생의 흥미를 끌기는

어렵다. 참여하지 않아도 되는 분위기가 형성되기 때문이다. 이 경우에는 전체 학생을 참여시키는 워크숍 형태로 진행하는 것이 좋다.

1. 전체 학생을 여러 그룹으로 나눈다.

2. 그룹별로 안건을 찾아본다.

3. 각 그룹에서 선정한 안건을 발표한다.

4. 3의 안건 중 가장 적절한 것을 '오늘의 안건'으로 선정한다.

5. 선정된 안건을 놓고 그룹별로 다시 토론한다. 그룹별 토론이 산만해지지 않도록 진행자가 전체적으로 발언 순서를 정하고, 각 팀의 토론자들은 진행자의 지시에 따라 토론한다. 이때 목소리가 너무 커서 옆의 그룹을 방해하지 않도록 조심한다. 동시에 그룹 별로 선정된 각 한 명씩의 토론자가 자기 역할을 수행한다.

6. 전체 토론이 끝나면 각 그룹에서 가장 토론을 잘한 사람을 한 명씩 뽑아 토론 대결팀 한 팀을 만든다.

7. 대표가 된 학생들이 앞으로 나와 팀 대결을 펼친다.

8. 지도자가 그 토론 결과를 전체 학생 앞에서 피드백한다.

이 과정을 거치면 모든 학생이 적극적으로 토론에 참여하기 때문에 교실에 활기가 넘친다. 마지막에 시범 토론을 할 때도 모두가 이미 토론을 거친 후이므로 비교 분석하면서 적극적으로 토론을 듣고 평가한다. 이런 방식의 워크숍에서는 학생이 많아도 재미있게 토론에 참여하는 것이 가능하다.

나는 초중학생은 물론 대학생, 도서관 사서 선생님, 학교 선생님, 토론 지도자 양성 과정 수강생들과 함께 이 워크숍을 진행했는데 한 번도 실패한 적이 없다. 이것은 그만큼 효과적이고 강력한 토론 지도 방법이다.

CHAPTER

3

토론 지도
목표

1.
토론 지도 준비:
논리적 사고
모형

토론이 좀 더 가치 있는 시간이 되려면 토론의 질이 좋아야 한다. 토론의 질을 높이기 위해 먼저 가르쳐야 할 것이 논증이다. 논증은 자신의 주장을 논리적으로 증명하는 과정으로 입증이라 부르기도 한다.

흔히 볼 수 있는 토론 장면 중 하나는 학생들에게 "자, 토론해봅시다"라고 말한 뒤 원칙도 규칙도 없이 의견을 내는 경우다. 그처럼 대책 없이 말을 늘어놓고도 "자, 오늘 토론 어땠어요?"라는 질문으로 마무리하고 무질서한 발언을 토론으로 규정하는 것은 바람직하지 않다. 토론을 했다고 말하려면 최소한 규칙을 지켜 그 토론 경험이 학생들에게 도움이 되도록 해야 한다.

토론은 설득이다. 설득을 위해서는 이치에 맞는 주장을 해야 한다. 따라서 토론을 가르치기 전에 먼저 논리적으로 생각한다는 것과 어떻게 하면 이치에 맞게 논리적으로 그 생각을 펼칠 수 있는가를 알려주어야 한다.

이 장에서는 토론 교육의 목표를 살펴보기 전에 '과학적 사고 모형'으로 일컫는 두 가지 사고 모형을 먼저 살펴보고자 한다. 토론 교육은 결국 생각하는 힘을 길러주는 교육의 일환이기 때문이다. 이어 논증을 구체적으로 적용한 사례를 알아본다.

(1) 스티븐 툴민Stephen E. Toulmin의 논증 모델

툴민은 논증이 성공하려면 주장에 대해 명확한 증명이 필요하다고 생각했다. 명확한 증명을 위해서는 정당함을 뒷받침하는 자료가 매우 중요하다고 했다. 그리고 논거와 주장의 연결고리를 강화하는 것이 더 좋다고 판단했다. 3단 논법과 비교하면 그 특징을 알 수 있다. 3단 논법에서의 대전제는 누구도 거부할 수 없는 명제를 이용한다(예: 사람은 누구나 죽는다). 그러나 툴민 모델에서 근거는 완벽히 검증한 것만 사용하지는 않고 일상의 것에서 찾는다. 그래서 더 실용적이다.

툴민은 《논변의 사용The Uses of Arguments》에서 논증의 요소로 자료, 주장, 근거, 뒷받침, 논박, 제한조건의 여섯 가지를 들고, 1차적 요소 세 가지와 2차적 요소로 구분했다. 각각의 요소를 자세히 살펴보자.

1) 툴민 모델의 1차적 요소

① 자료Data
논증에서 자료는 주장을 뒷받침하는 토대다. '나는 한국인이다'를 주장하기 위해서는 '나는 서울에서 태어났다' 같은 자료가 필요하다.

② 주장Claim
논증에서의 결론을 의미하며 논증이 최종적으로 말하고자 하는 것이다. 예를 들면 '나는 한국인이다'가 주장이다. 주장 앞에 '그래서'라는 말이 있다고 생각하면 이해가 쉬울 것이다.

③ 근거Warrant

이미 증명한 명제로 자료와 주장과의 연결고리 역할을 한다. '한국에서 태어나면 한국인이다'처럼 다리 역할을 하며 앞에 '왜냐하면'이라는 말이 있다고 가정하면 이해가 쉽다.

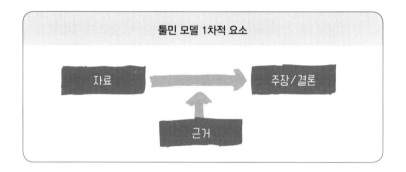

2) 툴민의 2차적 요소

① 뒷받침Backing

근거를 부연 설명하는 증거다. 근거가 옳은 명제이긴 하지만 옳은지 그른지 한눈에 판단하기 어려울 경우 뒷받침으로 근거를 증명한다. 예를 들어 앞서 다룬 예에 더해 '한국의 법에 명시되어 있다' 같은 근거를 제공한다.

② 논박Rebuttal

지금까지 주장한 내용에 대한 반론을 스스로 예상하고 그 반론을 잠재우는 것을 말한다. 앞의 예에 더하면 '만약 한국에서 태어났더라도 부모님이 외국인이면 한국인이 아니다' 같은 논박을 할 수 있다.

③ 제한조건 Qualifier

제한조건을 둔 덕분에 툴민 모델이 현실의 여러 분야에 확산될 수 있었다. 논증에 현실성을 더할 수 있었기 때문이다. 이는 주장을 마치기 전에 자기주장에서 되돌아볼 부분은 없는지 살펴 확신이나 절대성을 빼고 어느 정도 여유를 두는 것이다. 앞의 예에는 해당되지 않지만 대부분의 주장에서 어느 정도 예외나 제한조건을 고려해 말하는 것이 예의도 지키면서 논증에 확신을 더하는 방법이다. 물론 확신할 경우에는 '절대적으로', '무조건' 등의 수식어를 사용할 수도 있지만 그때는 대개 토론할 필요가 없다. 앞의 예에서는 '부모의 국적에 문제가 있는 경우에는 예외가 될 것이다'라는 제한조건이 붙게 된다.

제한조건은 문장 속에서 한정하는 목적으로 사용하기도 하고, 토론의 전체 내용을 한정할 목적으로 처음부터 사용하기도 한다(고전적인 논증에는 예외가 없다. 3단 논법의 흔한 예만 보아도 그렇다. "모든 사람은 죽는다. 소크라테스는 사람이다. 그러므로 소크라테스도 죽는다." 이처럼 예외를 고려하지 않는 고전 논증법의 문제점을 극복하고자 하는 것이 툴민 모델이다).

제한조건을 나타내는 수식어에는 다음과 같은 것들이 있다.

비교적, 대부분, 일반적으로, 많은 경우, 좋을 것 같다, 때때로, 가끔, 종종, 거의, 가능할 것이다, 아마, 간혹, 이 조건 하에서는, 주로 그렇다, 약간, 비정기적으로, 만약 가능하다면, 다른 한편으로 생각해보면 등이 여기에 해당한다.

1차적 요소는 모든 논증에 반드시 필요하며 만약 하나라도 부족할 경우 논증이 성립하지 않는다. 반면 2차적 요소는 말 그대로 부가적인 요소로 모든 논증에 필수적인 것이 아니다. 하지만 강력한 논증에는 필수적이며 특히 아카데믹 토론에서 중요한 기술로 가르치는 것이 좋다.

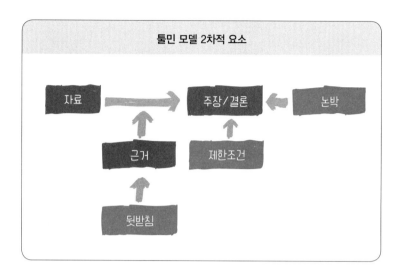

툴민 모델 2차적 요소

자료 → 주장/결론 ← 논박

근거 제한조건

뒷받침

(2) 김병원의 토론 6단 논법 모형

두 번째로 살펴볼 모델은 '토론 6단 논법'이다. 이것은 김병원 포스텍 명예교수가 창안한 방법으로 기본 발상은 툴민 모델에서 따온 것이다. 김 박사는 한국의 척박한 논술 현실을 애석해하다가 툴민 교수와 이메일을 주고받으며 그의 모델을 우리나라의 상황에 맞게 개발했다고 한다.

이 모델은 1998년 포항공대 인문사회학부의 교육개발 연구보고서 제1집 〈언어사고력 향상 교육 프로그램의 연구 개발〉에 실렸고, 그 후 『소년한국일보』에 2년에 걸쳐 77회 동안 연재되면서 토론과 논술 교육에 관심이 있는 많은 사람에게 긍정적인 평가를 받았다. 나 역시 이 모델을 현장에 적용해본 결과 놀라운 성과를 거두었다.

'토론 6단 논법'도 여섯 가지 구성 요소로 이루어진다. 안건, 결론, 이유, 설명, 반론 꺾기, 예외 정리가 그것이다.

① 안건

찬성과 반대가 존재하는 분명히 진술한 명제를 말한다. 때론 문제 해결을 요구하는 진술일 수도 있다. 예를 들면 '학교에 장난감을 갖고 와도 된다'와 같은 것이다.

② 결론

주어진 안건에 대한 토론자의 입장이다. 찬성 또는 반대 중 하나를 선택할 수 있다.

③ 이유

자신이 내린 결론에 대해 근거를 드는 것이다. '수업에 방해가 되기 때문이다'가 그 예다.

④ 설명

이유를 뒷받침하는 다양한 증거 자료다. '학교에서 학생에게 가장 중요한 것은 수업에 충실히 임하는 것이다. 그런데 장난감이 책상 속이나 가방에 들어 있으면 아무래도 주의 집중이 어려울 수밖에 없다. 머

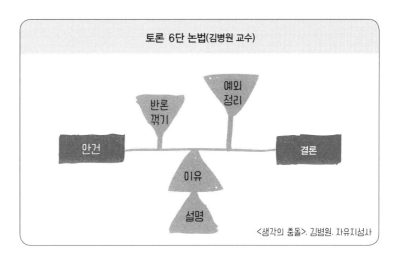

토론 6단 논법(김병원 교수)

예외정리

반론꺾기

안건

결론

이유

설명

<생각의 충돌>. 김병원. 자유지성사

릿속에 장난감 생각이 가득하면 공부에 집중하기 어려운 건 당연하다' 같이 설명할 수 있다.

⑤ 반론 꺾기

자신의 주장에 대한 반대의 근거를 생각해보고 다시 반대하는 이유와 설명을 덧붙이는 과정이다. '물론 쉬는 시간에만 갖고 놀면 휴식을 취해 공부에 더 집중하게 된다고 말할 수도 있다. 그것은 말뿐으로 실제로 재미있는 것을 하다가 중단하면 그 생각을 떨치기가 쉽지 않아 공부에 집중하기가 어렵다.' 반론할 때 상대의 주관적 감정이나 체험 자체를 부정할 필요는 없다. 대신 그 감정과 체험에 연결된 주장이나 진술에 관해 반론하고 토론해야 한다.

⑥ 예외 정리

자신의 주장에 혹시 있을지도 모르는 예외를 살펴 그것을 고려하며 말하는 것이다. '학교에서 어떤 목적을 위해 장난감을 갖고 오라고 하는 날도 있다. 그런 경우라면 모르지만 그 외에는 학교에 장난감을 가져오는 것은 옳지 않다고 생각한다.'

(3) 논증 적용(부록 B. 13. 논증 연습, 14. 논증 과정 참고)

모든 논술의 생명은 논증에 있다. 짧든 길든 논증이 빠지면 논술이라 할 수 없다. 이 논증 절차를 군이 구분하자면 두 가지로 나뉘는데, 소규모 논증Micro argument과 대규모 논증Macro argument이 그것이다.

소규모 논증이란 각각 개별 문단에서의 논증 절차를 말한다. 하나의 문단 안에서도 논증 절차를 잘 지켜서 써야 통일성과 결속성이 생긴다. 툴민의 모형을 따르든 토론 6단 논법 모형을 따르든 하나의 문

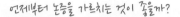

언제부터 논증을 가르치는 것이 좋을까?

내 경험상으로 보면 초등학교 3학년 정도가 좋다. 3학년이 되면 아이들의 사고력이 논리정연해지면서 약간 어려운 것도 받아들인다. 물론 모든 아이가 같은 것은 아니지만 어느 정도 독서량이 있을 경우 차근차근 알려주면 논증 구조를 이해하고 그것이 제 나름대로 말이나 글에 나타난다. 논증을 배우지 않은 아이들은 6학년 혹은 중학생이 되어도 말과 글에서 논리성이 떨어진다.

단 안에 논증에 필요한 모든 요소를 갖추고 있어야 한다.

아래의 글은 초등학교 5학년생이 논증을 배운 후 스스로 쓴 것이다.

'뽀루뚜까 아저씨가 제제의 입양 요청을 거절한 것은 잘한 일이다"라는 주장의 일부(한 문단)

《나의 라임 오렌지 나무》(J. M. 바스콘셀로스 지음)

왜냐하면 아이들은 친부모의 사랑을 받으며 살아야 하기 때문이다.(근거) 친부모는 아이를 직접 낳아준 사람이다. 그래서 피도 같고, DNA도 나누어 가졌다. 이렇게 혈통이 이어져 있는 사람들에게는 무어라 설명할 수 없는, 끊을 수 없는 무엇이 있다. 그것은 아무리 가족이 떨어져 있고 같은 곳에 살지 않는다고 해도 그것은 결코 없어지거나 끊어지지 않는다. 아이는 진정한 가족의 사랑을 먼저 받아야 한다. 엄마, 아빠, 형제들의 사랑부터 가져야지, 아무것도 이어져 있지 않은 남의 사랑부터 받을 수는 없다.(전제) 선생님에게 들은 이야기인데, 어떤 보육원에서는 지정된 기간에 친부모가 있는 아이들을 가족의 품으로 잠시 돌려보낸다고 한다. 그러면 그 아이들은 가족들한테 엄청 맞아서 몸에 상처를 입고 돌아올 때도 있지만, 그래도 표정이 환해져서 온다고 한다. 아무리 좋은 물건이 있고, 친자식처럼 사랑해주는 '엄마'가 있다 해도 아이들은 폭력적일망정 친부모가 더 좋은 것이다.(예) 친부모가 아이를 사랑하지 않으면 가족이 아닌 다른 사람이 키워주고 사랑해줄 수 있다는 생각도 있다.(반론) 하지만 나는 친가족의 사랑이 더 중요하고 꼭 먼저 받아야 한다고 생각한다.(반론 꺾기) 그래서 제제를 입양하지 않은 뽀루뚜까 아저씨가 정말 좋은 사람이라고 생각한다.

글이 전체적으로 근거와 전제, 증거로 든 예 그리고 반론과 반론 꺾기로 이어지는 흐름을 자연스럽게 유지하고 있다. 이처럼 한 문단 안에서 논증의 구조가 잘 이어지는 것을 소규모 논증이라 한다.

반대로 대규모 논증은 한 편의 글에 나타난 논증 전체를 말한다. 글쓰기에 능숙해지면 어떤 한 문단이 아니라 전체적으로 근거와 뒷받침, 반론 및 반론 꺾기가 있는 좋은 글이 나온다.

2.
토론 루브릭

루브릭이란 수행 목표이자 평가 항목을 의미한다. 토론의 수행 목표이자 평가 항목은 크게 세 국면으로 나눌 수 있는데 그것은 3M, 즉 내용, 방법, 태도를 말한다.

토론 루브릭

구분	항목	3점	2점	1점	점수
내용	안건의 해석	안건을 정확히 이해하고 관련 내용을 주장함	안건을 정확히 이해하고 있으나 약간 방향이 어긋난 주장을 펼치기도 함	안건과 관련 없는 주장을 펼침	
	논점 제시	적절하고 합리적이고 독창적인 논점을 듣기 좋은 순서로 제시하고 있음	적절하고 합리적이며 독창적인 논점을 일부 만들거나 듣기 좋은 순서로 제시하는 데 서툰 경우가 있음	적절하고 합리적이며 독창적인 논점을 들지 못하고 발언하는 순서도 비논리적임	
	논점 뒷받침	이유와 설명의 연결이 바르고 설득력 있게 부연하고 있다. 제시한 정보·예·일화·통계·전문가 의견 등의 증거 능력이 충분함	설명을 하긴 했으나 부분적으로 효과적이지 못함	설명이 미흡하고 이유에 대한 뒷받침이 되지 못함	
	반론 꺾기	반론에 적절하고 충분하게 대처함	반론에 효과적으로 대응하지 못하거나 해도 불충분함	반론 꺾기를 전혀 하지 못함	
	제한조건 고려	예외를 고려해 부드럽게 말함	예외를 가끔만 의식해 약간 지나치게 강한 어조로 말할 때도 있음	예외를 전혀 고려하지 않고 단정적으로 말함	
	질문	질문 형식이 정확하고 핵심을 물음	질문 내용이 약간 산만하거나 핵심에 어긋난 부분이 있음	질문 내용이 핵심에서 벗어나 있거나 정리되어 있지 않음	
	응답	질문 의도를 정확히 파악해 답변하고, 답변 시간 사용이 적절함	질문 의도를 잘못 파악하는 경우가 있거나 답변 시간 사용이 부적절함	질문 의도를 잘못 파악하고 답변 시간 사용이 미숙함	
방법	전체 구조	시작과 가운데, 끝의 구별이 분명하고 자연스러움	시작과 가운데, 끝의 구별이 불명확하거나 섞여 있음	처음, 가운데, 끝의 구조를 의식하지 않고 말함	
	시작하는 법	전체적인 주제 안내와 개요를 제시하는, 강하고 효율적인 시작을 함	평범하게 시작해 재미는 없으나 잘못된 부분도 없음	시작 부분이 지나치게 진부하고 평범해 청중의 관심을 끌지 못함	
	마무리하는 법	결론을 분명하고 창의적이며 설득력 있는 방식으로 맺고 있음	결론이 모호하거나 때로 알아듣기 어려움	분명한 결론을 맺지 못해 청중을 혼란에 빠트리기도 함	
태도	눈 맞추기	모든 청중을 고려한 시선 안배와 눈 맞춤을 잘함	청중을 고려하는 시선 안배가 서툴거나 눈 맞춤을 효과적으로 하지 못함	청중을 의식하는 시선 안배와 눈 맞춤을 거의 하지 않음	
	바른 자세	제스처 사용, 얼굴 표정, 자신 있는 자세	제스처가 단순하고 비효과적임	한정된 제스처, 자신감 없는 포즈	
	말하기	발음을 정확히 하고 목소리 크기가 적절하며 듣기 좋은 속도로 말함	발음이 부정확할 때가 있고, 목소리 크기와 말의 속도가 알맞지 않은 경우가 있음	발음이 부정확해 알아듣기 힘들고, 목소리 크기와 말의 속도가 부적절함	
			총점(39점)		

3.
토론
티칭포인트
13가지

토론을 잘하는 사람은 가치 있는 내용을 잘 구조화해 다른 사람들에게 설득력 있게 전달한다. 아래의 13가지 항목은 토론 실력을 기르는 데 좋은 가이드 역할을 한다.

(1) 무엇을 말할 것인가

안건의 해석
논점 제시
논점 뒷받침
반론 꺾기
제한조건 고려
질문
응답

(2) 어떻게 조직할 것인가

전체 구조
시작하는 법
마무리하는 법

(3) 어떻게 전달할 것인가

눈 맞추기
바른 자세
말하기

CHAPTER

4

토론 내용
지도

1.
안건 해석

안건을 정확히 이해하고 그에 대한 입장을 말하는 것으로 토론을 시작한다. 안건을 정확히 이해하기 위해서는 안건에 포함된 단어 하나, 구절 하나에도 주의를 기울여야 한다.(안건에 대한 정확한 개념은 151 쪽 이후 내용 참고)

《조금만, 조금만 더》라는 책을 읽고 다음과 같은 안건으로 토론을 했다고 하자. "얼음 거인이 총으로 다른 선수들을 제지한 것은 잘한 일이다." 이 안건에 찬성하는 아이라면 윌리를 위해 한 행동이니 좋게 보인다고 주장할 수 있다. 반대하는 아이라면 스포츠 정신을 어긴 것이므로 잘못된 행동이라는 이유를 들어 반대할 수 있다. 하지만 안건을 잘못 해석한 아이는 다음과 같이 주장하기도 한다.

얼음거인은 총 말고 다른 것으로 했어야 한다. 총은 자기 뜻대로 안될 때 사용하는 것이 아니다. 나는 어른이 되어 총을 생각도 안 할 것이다. 그래야 지만 어린아이들이 안전해 지기 때문이다. 그리고 나 때문에 어린아이들이 나 때문에 총을 들고 싸우는 것을 보기 싫다. 총을 들고 싸우면 피가 나와 잔인하다. 하지만 약 64년전 6월 25일 전쟁에서 같은 민족끼리 총을 들고 싸워서 많은 학생과 어른이 죽었다. 그만큼 총은 무섭다는 것을 알 수 있다. 그렇기 때문에 얼음거인은 잘못했다고 생각한다.

안건을 정확히 이해해야 토론이 올바른 방향으로 간다. 그런 점을 명확히 인식시킬 필요가 있고, 토론을 가르칠 때나 평가할 때도 바로 그 점을 주의 깊게 살펴야 한다.

안건 이해하기

1. 안건이란?

안건이란 찬성과 반대가 성립하는 진술 또는 문제를 말한다. 안건을 영어로 'proposition'이라고 하는데 이는 'propose'에서 파생된 말이다. 이 말에는 고려하다Consideration, 발의하다, 문제를 내다, 제출하다 등의 의미가 있다. 안건을 다른 말로 'Motion'이라고 하는 경우도 있다.

토론에서 가장 중요한 것은 좋은 안건을 마련하는 일이다. 안건을 잘 선정하면 토론이 더욱 재미있고 토론의 효과도 높다. 특히 독서토론에서 주제를 잘 아우르는 좋은 안건을 찾아 토론할 경우 책 한 권을 단숨에 이해할 수 있다. 설령 그렇지 않더라도 저자의 의도나 등장인물의 문제 해결 방식에 대한 자신의 판단을 새로운 각도에서 바라볼 수 있다.

안건을 주제와 견주어 설명하면 이해가 빠를 것이다. 주제는 안건에 비해 넓은 개념이다. 예를 들면《수라간에 간 홍길동, 음식의 역사를 배우다》(김선희 지음)를 읽고 주제를 '한식의 세계화'로 정할 수 있다. 그리고 그 주제 속에서 다양한 안건을 찾는 것이 가능하다. 아이들이 뽑은 안건은 다음과 같다.

안건: 한식보다 중식이 더 빨리 세계화될 것이다.
안건: 한식을 세계화한다면 현지인의 입맛에 맞추는 것이 좋다.

주제와 안건의 관계를 그림으로 설명하면 커다란 원이 주제이고 작은 원이 안건이 된다. 주제는 한 가지여도 그 안에 다양한 안건이 존재할 수 있다.

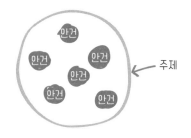

2. 안건의 종류와 해석법

안건의 종류에는 그 특성에 따라 사실Fact, 가치Value, 정책Policy의 세 가지가 있다. 이러한 안건의 종류를 알면 주어진 안건을 해석할 때 대응 방법을 더 잘 찾을 수 있다. 무엇을, 어떤 구조로 말해야 할지 결정하기가 편하기 때문이다.

안건 중 '가치' 안건을 다룰 때는 특히 조심해야 한다. 가치관이 서로 충돌할 경우 사람들의 감정이 상하는 일이 종종 발생한다. 안건을 뽑을 때도 종류별로 나눠서 하면 가치 있는 것을 더 많이 생각해낼 수 있다.

① 사실 안건

사실 유무를 다루는 안건이다. 어떤 사람에게는 참이고 또 어떤 사람에게는 그렇지 않은 안건을 말한다. 그 일이 과거에 (정말로) 일어난 것인지 혹은 미래에 일어날 것인지 따져보는 안건이다.

가. 기본 구조

구조 X는 과거에도/현재에도/미래에도 사실이다.

예 현재 매미의 숫자가 너무 많다

《매미, 여름 내내 무슨 일이 있었을까?》, 박성호 지음).

왕따 현상은 광범위하게 벌어지고 있다(《양파의 왕따일기》, 문선이 지음).

나. 서술 유형

실제로 일어난 일이다(실제로 언어폭력이 일어났다)./좋은 선택이다./계속되어야 한다./금지해야 한다./~이 될 수 있다(연예인은 청소년의 롤 모델이 될 수 있다)./~이 될 것이다(이웃을 돕는 사람이 될 것이다)./단순한 실수가 아니라 명백한 잘못이다.

다. 안건의 해석법

"그 일이 정말로 일어났는가?"
"그 일이 일어날 것인가?"
"그 일이 일어나고 있는가?"
이 같은 질문을 스스로 떠올리고 그 대처법을 찾아낸다.

② 가치 안건

가치관이나 신념, 선호 등을 다루는 안건이다. 실제 토론 장면에서 심리적으로 논쟁이 치열하게 벌어질 가능성이 큰 안건이다.

가. 기본 구조

구조 X가 Y보다 낫다/좋다.

　　선호의 문제를 따지는 경우: ~보다 ~가 낫다/좋다.
　　도덕적 기준을 따지는 경우: 옳다/옳지 않다.
　　허용 여부를 따지는 경우: 이해할 수 있다, 용서할 수 있다.
　　책임 소재를 따지는 경우: ~보다 ~에게 더 큰 책임이 있다.
　　경제적 이익을 따지는 경우: ~보다 이익이다/손해다.

예 개가 고양이에 비해 더 좋은 애완동물이다.
　　나는 중국 음식이 일본 음식에 비해 더 낫다고 생각한다.

나. 서술 유형

옳은 일이다. / 권장할 만한 일이다. / 이해해주어야 한다. / 긍정적·부정적인 영향을 미칠 것이다. / ~보다 ~에게 더 큰 책임이 있다(수일이보다 엄마가 더 큰 책임을 져야 한다.《수일이와 수일이》, 김우경 지음). / 손해보다 이익이다.

다. 안건의 해석법

"무엇이 더 가치 있는 일인가?"

"가치가 있다면 어떤 측면에서 가치가 있는가?"

"무엇이 더 자연스러운 일인가?"

이 같은 질문을 스스로 떠올리고 그 대처법을 찾아낸다.

③ 정책 안건

정책이나 법, 규칙 등을 다루는 안건으로 보다 공적인 대상을 다룬다.

가. 기본 구조

구조 X는 반드시 Y해야 한다.

자원(비용·시간·인력)은 충분하다.

가치 있는 제정/개정인가?

공익에 부합한다.

예 정부는 반드시 현재 예산에서 복지예산을 증액해야 한다.

학급 담임을 반드시 두 분씩 맡게 해야 한다.

나. 서술 유형

지원을 늘려야 한다. / 중점을 두고 추진해야 한다. / 확장해야 한다. / 허용해야 한다. / 요구해야 한다. / 정기적으로 실시 / 참가해야 한다. / 포함해야 한다(수용해야 한다). / 요구해야 한다. / 강요해도 괜찮다. / 가산점을 주어야 한

다. / 평가시스템을 도입해야 한다. / 올려야 한다(성적 비중을 높여야 한다). / ~
과 관련된 법을 제/개정해야 한다. / 처벌 수위를 높여야 한다.

다. 안건의 해석법

"어떤 것을 받아들여야 하는가?"

"어떤 정책이 추진하기에 무리가 없는가?"

"어떤 것이 더 경제적인 해결책인가?"

"자원 활용 면에서 더 쉬운 것은 어느 것인가?"

"어떤 것이 더 공익에 부합하는가?"

이 같은 질문을 스스로 떠올리고 그 대처법을 찾아낸다.

3. 안건의 예

다음은 《이솝우화》 중 〈여우와 신포도〉를 읽고 위의 세 가지 안건 형식에 맞춰
선정한 예다.

> 굶주린 여우가 있었다.
>
> 어느 날 잘 익은 포도송이가 주렁주렁 달린 포도밭을 발견하게 되었다.
>
> "음, 정말 침이 나오는군. 아마 저 포도는 무척이나 달고 맛있을 거야."
>
> 앞뒤 안 가리고 몰래 숨어들었으나 불행하게도 포도송이가 너무 높아서 여
> 우에게는 닿기 어려울 만큼 높은 시렁 위에 매어져 있었다. 여우는 어떻게든
> 거기에 닿아보려고 훌쩍 뛰고, 잠시 쉬었다가 다시 훌쩍 뛰어보았다. 조금
> 뒤로 물러섰다가 다시 뛰어보기도 하였다. 하지만 모두 헛일이었다. 마침내
> 여우는 완전히 지치고 말았다.
>
> 그리하여 여우는 이렇게 외치고는 멀리 가버렸다.

> "음, 내가 왜 이러고 있지? 저 포도는 너무 시어서 내가 이렇게 할 이유도 없
> 는데 말이야."

안건의 예

(사실) 인간 중에는 여우처럼 자기 필요에 따라 말을 바꾸는 사람이 많다. / 여
　　　우는 과연 도둑질을 한 것인가?

(가치) 여우가 포도를 포기한 것은 현명한 선택이다. / 여우는 친구가 없을 것
　　　이다.

(정책) 정부는 생활범죄를 줄이기 위한 예산을 더 늘려야 한다.

4. 안건 선정 시 유의사항

안건은 잘 정의한 하나의 진술이다. 안건 결정은 그 안건에 대한 자기 입장을
결정하는 출발점이므로 토론자는 보다 분명하고 뚜렷하게 의미를 나타내야 한
다. 토론 안건을 선정할 때는 다음의 사항에 유의해야 한다.

① 가치

토론의 목적은 여러 사람과 생각을 교환하며 더 좋은 방법을 찾는 데 있다. 가
령 공동체에 속한 사람들끼리 의견을 교환하는 이유는 다른 사람의 의견이 어
떤지, 어떤 의견이 그 시점에서 더 바람직하고 공동체의 이익에 부합하는지 따
져보기 위해서다. 여러 개의 안건이 제시될 경우 그중 책의 주제를 생각하는
데 가장 적합하거나 개인의 삶 혹은 사회 발전에 기여할 가능성이 큰 것으로
정해야 한다. 정해진 답은 없지만 삶을 가꾼다는 관점을 먼저 생각하고 안건을
결정하는 노력이 필요하다.

② **논쟁점**Debatable

토론 안건에는 반드시 양면성이 있어야 한다. 한쪽 입장을 지지하는 사람이 지나치게 많을 경우 정상적으로 토론을 진행하기는 어렵다. '진리'가 토론 안건이 될 수 없는 이유가 여기에 있다. 대체로 찬성과 반대의 비율이 비슷하게 나뉠 만한 안건을 선정하기 위해 노력해야 한다. 논리적으로 명확히 찬반이 나뉘지 않는 안건을 놓고 토론하는 일은 피하는 것이 좋다.

　가. 학교에 음료자판기를 설치해야 한다.

　나. 학교 음료자판기에서 다양한 음료를 사 먹을 수 있다.

　'가'는 음료자판기 설치가 쟁점이므로 좋은 안건이지만 '나'는 쟁점이 없으므로 좋은 안건이 아니다.

③ **중심 과제**

토론에서 다룰 내용을 명확히 진술해서 범위를 알맞게 한정해야 한다. 어휘도 너무 광범위하거나 좁지 않아야 한다. 학생들이 다루기에 지나치게 넓은 범위의 토론 안건을 부여하면 의미 없는 토론이 되고 만다. 예를 들어 '학교 폭력의 일차적 책임은 선생님에게 있다'는 안건을 주면 고려해야 할 요소가 너무 많아 토론을 제대로 진행하기 어렵다. 토론에서 해결해야 할 과제는 반드시 하나여야 한다. '아침식사를 빵으로 하는 것이 좋은가, 밥으로 하는 것이 좋은가'처럼 두 개의 중심 과제가 있으면 토론이 성립하지 않는다.

④ **시간**

토론 시간을 고려해 주어진 시간 안에 해결할 정도로 범위를 제한해야 한다. 또한 일주일 이상의 준비기간이 있을 경우, 하루 이상을 자료 조사에 할애할 경우, 보다 범위가 넓은 주제를 사전에 제시하고 토론 안건은 현장에서 제시하는 경우 등 각각의 변수에 따라 적절한 시간에 할 수 있는 내용을 안건에 포함해야 한다. 제한시간이 1분인 토론에서 '마틴 루서 킹의 무저항 투쟁은 맬컴 엑스의 저항 투쟁에 비해 좋은 방법이다'라는 안건을 제시하면 토론자는 당황한다.

⑤ 어휘

안건 진술은 분명한 문장 형식을 취해야 한다. 대체로 학년이 높을수록 의문문 형식보다 평서문 형식의 진술이 학생들이 안건을 받아들이도록 하는 데 유리하다. 어휘 사용도 분명해야 한다. 사람에 따라 다르게 받아들일 수 있는 모호한 용어를 사용하면 토론에서 긴장감이 떨어지므로 유의해야 한다.

5. 토론 안건을 찾는 방법

사실 어린 학생들이 현실 문제를 놓고 토론하는 것은 말처럼 쉽지 않다. 현실 인식의 폭이 좁아서이기도 하지만 그보다는 현실 문제가 쉽게 해결할 수 있는 게 아니기 때문이다. 일례로 초등학생에게 '남북통일은 꼭 해야 하는가?', 'CCTV 설치를 점차 늘려야 하는가?', '심야교습을 법으로 금지해야 하는가?' 등의 문제를 놓고 토론하라고 하면 굉장히 어려운 과제일 수밖에 없다. 이런 것은 고려해야 할 변수가 워낙 많아 성인들도 해결하기 어려운 안건이다.

　반면 '아이들의 말 안 하기 게임을 계속 허용해야 하는가?'(《말 안 하기 게임》, 앤드루 클레먼츠 지음), '복동이가 한국으로 돌아온 것은 잘한 일인가?'(《이 세상에 태어나길 참 잘했다》, 박완서 지음) 등의 안건은 상황을 다 이해한 후에 하는 토론이므로 훨씬 쉽다.

　아이들이 스스로 책을 읽고 그 수준에서 토론이 가능한 안건을 골라 생각을 교환하는 것은 상당히 의미 있는 일이다. 토론이 빠지면 독서지도가 잘되었다고 보기 어렵다. 독서를 '지도'한다는 것은 혼자 배울 수 없는 것을 알게 하고, 다음에 혼자 책을 읽을 때 어디에 초점을 두고 어떤 방법으로 읽을지 알게 하는 것이기 때문이다. 그 효과적인 방법이 독서토론이다.

책 한 권에서 나올 수 있는 안건은 아주 다양하고 많다. 대표적으로 책의 주제를 잘 알아볼 수 있는 안건, 아이들의 생각이 한결 깊어지고 인생에 대한 이해를 돕는 안건, 지혜가 생기고 쌓이도록 돕는 안건, 생각의 다양성을 경험하게 해주는 안건이 좋은 안건에 속한다. 이러한 안건을 찾아내면 독서토론을 성공적으로 이끌어갈 기본 조건을 갖춘 셈이다.

안건은 개별적으로 뽑을 수도 있고 함께 모여 찾을 수도 있다. 개인적으로 찾는 것은 책 읽는 과정에서 나와야 한다. 밑줄을 긋고 생각을 하면서 읽으면 따져볼 안건을 많이 찾을 수 있다. 친구들과 만날 기회가 있을 경우 둘러앉아 서로 의견을 주고받으며 안건을 찾으면 된다. 한 사람의 의견은 다른 사람의 생각을 촉발하므로 함께하면 더 잘할 수 있다.

① 등장인물 중심으로 찾기

동화는 한 인간이 처할 수 있는 다양한 환경과 그 속에서 생기는 문제 그리고 문제를 풀어가는 다양한 에피소드를 담고 있는 문학 형식이다. 따라서 주인공에 초점을 맞추고 잘 들여다보면 가치 판단을 할 수 있는 수많은 안건을 찾을 수 있다. 이때 독자 자신이나 사회적인 가치, 통념, 상식 등과 견줘 과연 그 행동이 옳은지 그렇지 않은지 또한 이해해줄 수 있는지 그렇지 않은지 따져보며 안건을 추출한다.

예를 들어 《마틸다》(로알드 달 지음)를 읽었다면 다음과 같은 개인적 차원의 안건을 찾아낼 수 있다.(239쪽 부록 A. 토론을 위한 좋은 책 목록과 안건 24번 참고)

＊마틸다
마틸다는 불행한 아이이다.
마틸다가 아빠에게 복수한 것은 잘한 일이다.
마틸다가 아빠에게 한 장난은 심하다.

＊ 웜우드 부부

  웜우드 씨는 가족을 위해서 열심히 노력한다.

  마틸다 엄마가 아빠보다 마틸다에게 더 나쁜 영향을 미쳤다.

＊ 하니 선생님

  하니 선생님이 자기 집을 나온 것은 잘한 일이다.

  하니 선생님이 마틸다를 입양한 것은 잘한 일이다.

  하니 선생님이 자신의 문제를 다섯 살짜리 마틸다에게 털어놓은 것은 잘한 일이다.

＊ 사서

  사서가 어려운 책을 마틸다에게 권한 것은 잘한 일이다.

② 작품의 배경(사회적, 국가적)에서 찾기

작품을 읽다 보면 개인뿐 아니라 그 개인을 둘러쌘 사회의 모습도 만난다. 개인의 관점에서 벗어나 사회 전체적인 면에서 이야기를 들여다보면 의외로 많은 안건을 찾아낼 수 있다.

  계속《마틸다》의 예를 들어보자.

＊ 학교 차원

  (좋은 학교가 되지 않은 데는) 교장선생님보다 다른 선생님들의 책임이 더 크다.

＊ 지역/도시 차원

  이 도시에는 웜우드처럼 부도덕한 사람이 많이 살고 있을 것이다.

③ 작가나 작품 자체에서 찾기

작가가 작품을 끌어간 방식이나 결말에서도 토론 안건을 찾을 수 있다.

《마틸다》에서 계속 찾아보자.

(결말) 이 결말은 부자연스럽다.
(결말) 이 결말은 해피엔딩이다.

④ 정보의 질이나 양을 판단하며 찾기

문학책을 읽었을 경우 토론 안건을 찾기가 수월하다. 하지만 비문학은 정보 전달이 주목적이므로 토론 안건을 찾는 것이 비교적 어렵다. 비문학책에서는 주로 사실 안건이나 정책 토론에 해당하는 안건을 찾을 수 있다. 가령《매미, 여름 내내 무슨 일이 있었을까?》는 '매미 숫자를 인위적으로 제한하는 것이 좋다'는 등의 안건을 생각해볼 수 있다.

2.
논점 제시

토론은 자기 의견이 왜 옳은지 다른 사람에게 근거를 들어 이해시키는 논리적인 과정이다. 어떤 주장을 했으면 반드시 그에 대한 증거를 제시하고 그 증거를 논리정연하게 설명해야 한다. 그렇지 않으면 그것은 주장이라기보다 독단Assertion일 가능성이 크다.

주장을 위해 드는 증거가 곧 논점으로 주장의 첫걸음은 논점을 제시하는 것이다. 툴민 모델에서는 이것을 '근거', 토론 6단 논법에서는 '이유'라고 표현한다. 논점은 "내가 왜 당신의 주장을 받아들여야 합니까?"라고 묻는 상대방을 위해 "바로 이러저러한 점 때문입니다"라고 응답하는 것과 같다.

이러한 논점은 결론을 뒷받침하기에 충분해야 하고 그 안에 설명할 내용이 많은 추상적인 것일수록 더 강력한 무기가 된다. 알렉산더 루리아는 사고력의 높고 낮음을 판별하는 하나의 기준이 추상화 능력이라고 했다. 토론에서도 사고력이 낮아 구체적이고 현실적인 생각을 논점으로 삼을 경우 반박당하기 십상이다. 반면 추상적, 일반적인 생각을 이유로 제시하면 하위 항목이 많아 설명할 내용도 풍부하고 포함된 요소가 많아 쉽게 반박하기 어렵다.

한번은 《밤티마을 큰돌이네 집》(이금이 지음)을 읽고 아이들과 함께 '새엄마가 영미를 밤티마을로 돌려보낸 것은 잘한 일이다'를 안건으로 삼아 토론을 했다. 찬성편 아이들이 제시한 논점은 다음과 같다.

"오빠가 있는 곳으로 가야 하기 때문이다."
"새엄마가 들어왔기 때문이다."

다음은 반대편 논점이다.

"새엄마 집의 교육 환경이 훨씬 더 좋기 때문이다."
"새로 적응하는 데 여러 문제가 생길 수 있기 때문이다."

찬성편의 논점은 매우 현실적이고 구체적이다. 반면 반대편의 논점은 보다 추상적이다. 이 경우 실제 토론을 해보면 반대편이 찬성편에 비해 설명할 내용도 많고 반박에도 강하다.(부록 B. 10. 토론 논거 찾기 참고)

3. 논점 뒷받침

근거가 될 만한 논점을 제시했으면 이제 그 논점을 충분히 설명해서 뒷받침해야 한다. 이는 많은 디테일이 필요하다는 의미다. 토론 초기에는 아이들이 디테일을 덧붙이지 못하는 경향이 강하다(이것은 글쓰기에서도 마찬가지다). 이때 충분히 설명하고 오해가 없도록 설명해주지 않으면 듣기 어려운 말이 되므로 예의를 다해 설명해야 한다.

뒷받침에서 중요한 것은 전제를 찾아 자세히 알리는 것과 증거 제시다. 어떤 근거를 떠올릴 경우 반드시 그에 대한 전제가 깔려 있게 마련이다. 그 어떤 말도 전제나 함의 없이 나오지는 않는다. 그렇기 때문에 어떤 근거에 대한 전제를 충분히 생각하고 자세히 설명하면 그 전제는 결론을 뒷받침하는 데 큰 힘을 발휘한다.

전제에 대한 설명에 이어 여러 자료를 제시하거나 예를 드는 식으로 결론을 지지할 방법을 더 찾을 수도 있다. 각종 데이터는 강력한 무기다. 가급적 최신 데이터를 사용하고 신뢰성이 있는지 스스로 검증해야 한다. 특히 자료 내부의 모순이나 일반 상식과 견줘 모순이 없는지 따져보고 선택한다. 더불어 편향성을 비롯해 모든 자료의 증거·증언 능력을 검증한다.(부록 B. 13. 논증 연습, 14. 논증 과정 참고)

(1) 전제 말하기

전제는 숨겨진 함의 혹은 결론을 뒷받침하는 근거라고 할 수 있다. 전제를 말하려면 먼저 논점으로 제시한 문장에서 핵심적인 말을 찾아야 한다. 그 말과 관련된 함의를 찾아 제시하면 이것이 전제다. 즉, 낱말의 뜻, 구체적이고 자세한 상황, 중요성과 이유, 타인의 생각 등을 밝히면 충분한 뒷받침이 된다.

'마틴 루서 킹이 아이들까지 시위에 내보낸 것은 잘못한 일이다'를 뒷받침하기
- 근거: 아이들은 아직 판단력이 부족하기 때문입니다.
- 핵심어: 판단력
- 전제: 판단력이란 어떤 일에 대해 마음속으로 그 일의 옳고 그름을 자기 나름대로 생각하는 것입니다. 판단력이 있으면 옳은 행동을 할 가능성이 큽니다. 판단력은 인생의 경험과 비례해 쌓입니다. 판단력이 없으면 많은 일을 잘못 처리할 수도 있습니다. 사람들은 대부분 아이들의 판단력이 어른과 같다고 생각하지 않습니다. 아이들은 아직 인생의 경험이 적으니까요.

(2) 증거 자료 제시

전제를 충분히 말하고 그에 맞는 증거를 제시하면 뒷받침으로는 아주 훌륭한 구조를 갖춘 셈이다. 매스컴이나 책, 신문, 잡지, 인터넷 등의 매체는 물론 역사적인 사실을 증거로 댈 수도 있다. 역사적인 사건을 증거로 내세울 경우 특히 강력한 무기가 된다. 이미 증명이 끝난 사안이기 때문이다.

개인의 경험이나 사례를 들어도 좋다. 비슷한 상황이라면 청중도 같은 느낌을 받을 확률이 높다. 예시를 드는 것도 좋은 방법이다. 관련된 예를 들어 주면 이해하기도 쉽다. 이러한 증명 방법은 성급한 일반화라는 오해를 불러일으킬 소지만 피하면 자신의 말에 큰 힘을 보태준다. 통계나 권위자의 의견 인용, 선례 및 징후 등도 모두 활용 가능한 자원이다.

- 증거: 요즘 우리 반 아이들은 쉬는 시간은 물론이고 공부 시간에도 너무 떠듭니다. 간혹 선생님이 떠드는 아이들을 혼내시느라 진도를 못 나갈 때도 있는데, 이런 일은 아이들의 판단력이 부족해서 생기는 일입니다. 무엇이 자기 인생에 중요한지 알면 아이들이 공부 시간을 그렇게 허투루 보내는 일은 없을 것입니다.
- 결론: 이처럼 아이들은 판단력이 부족할 수 있는데 그런 아이들을 위험한 시위 현장에 내보내는 것은 옳지 않은 일입니다.

4. 반론하기

반론에 앞서 생각해야 할 것은 반론자가 있다는 것이 얼마나 즐겁고 고마운 일인지 생각하는 것이다. 끊임없이 태클을 걸고 근거에 트집을 잡고 다른 정보를 요구하는 '그들'이 없다면, 우리는 아집과 편견에 빠진 채 살아갈지도 모르기 때문이다. 그들이 내 의견을 더 강하게, 더 논리적으로, 더 설득력 있게 도와주는 존재라고 생각하면 토론 과정이 즐겁게 느껴진다.

세상 모든 일은 대체로 양면성을 띤다. 신의 말씀이나 동서고금의 진리가 아니면 서로 다른 의견을 보이는 사람들이 있게 마련이다. 만약 반론에 대비하지 못한다면 그 주장은 다른 사람을 설득하기 어려운 반쪽짜리 주장으로 남기 십상이다.

반론 꺾기는 상대방 주장의 허점을 찾아내 직접적인 비판을 가함으로써 승패 결정에 도움을 얻는 행동을 말한다. 그러니까 반론은 상대편의 의견이 좋지 않아 무너트리기보다 좋은 의견이긴 하나 받아들이기 어려워 이유를 들어 다시 설명하는 단계다. 이 과정이 중요한 이유는 반론을 극복하면 주장이 더 깊고 강해진다는 데 있다. 툴민은 정당화의 의무 수행을 토론의 제1수준, 반론 꺾기의 의무를 토론의 제2수준이라고 주장했다. 이런 과정을 거쳐 논의가 성숙 및 발전한다. 반대편이 없으면 스포츠 경기가 무의미한 것처럼 반론자는 내 주장을 강하게 만들어주기 위해 존재한다고 여기면 오히려 고마워진다.

여기에는 상대방의 반론을 예상한 '예상 반론 꺾기'와 상대방의 주장을 들은 후 이유와 설명의 오류를 지적하는 '직접 반론 꺾기'가 있다. 반론을 꺾을 때는 오류를 검증해 그 부분을 공격하면 좋은 성과를 얻을 수 있다.

이때 중요한 것은 경청과 메모다. 그래야 잘못된 이유를 찾고 상대방의 주장과 증거를 뒤집기 위한 명료한 반론을 떠올릴 수 있다. 반론을 할 때는 상대방 의견의 모든 내용을 조목조목 반박해야 한다. 이때 이유나 근거, 예 등 상대방이 말한 것을 전방위적으로 반박할 수 있다. 이 경우 원래 토론자의 말을 먼저 언급하고 이어서 반박하는 내용을 밝혀야 듣는 사람이 편하다.

반론 꺾기는 논점을 제시하고, 그것을 자세히 뒷받침하는 과정을 거꾸로 하는 것이다. 이번에는 비판의 칼날을 곧추세워야 한다. 정말로 사실이 맞는지 엄격하게 검증하고, 말하는 사람의 세계관을 의심해볼 수도 있다. 혹 잘못된 가치관을 가지고 있는지도 살펴보아야 한다. 특히 경험이나 예를 말했을 경우 그 경험에 주눅들지 않는 것도 중요하다. '그 경험의 가치가 얼마나 된단 말인가?' 하고 의심하고 비판해야 한다.

> 아이들의 판단력이 부족하다고 하셨습니다. 하지만 아이들의 판단력이 부족하다는 근거가 어디 있습니까? 오래 살고 나이만 많으면 무조건 판단력이 늘어납니까? 저는 어른들 중에도 아이보다 못한 판단력을 보이는 사람이 많다고 생각합니다. 그리고 실제로 판단력이 부족한 아이들은 시위에 참가하지 않을 것입니다. 이것은 아이들의 판단

에 따라 참여하는 것이 아닙니다. 어른들이 결정하고 누구를 내보낼 것인지 선정하면 됩니다. 어느 어른이 판단력이 부족한 아이들을 마구잡이로 그 위험한 시위 현장으로 떠밀까요?

5. 제한조건 고려

Debating Teaching Point 05

어떤 안건에 대한 결론으로 찬반 어느 쪽을 선택하든 대개의 경우 예외가 있다. 자신의 주장이 100퍼센트 옳을 수는 없기 때문이다. 그러므로 토론을 정리하는 과정에서 양보의 정신을 발휘해 자신의 주장에 예외가 없는지 따져보는 과정이 필요하다. 이 부분은 토론의 백미이자 진정한 지성을 완성하는 지점이라고 할 수 있다. 그만큼 어렵고 까다로워서 초등 수준의 토론에서는 학생들이 어려움을 느끼는 것이 사실이다. 예외 정리는 반론 꺾기와 함께 자기주장이 완벽하지 않음을 스스로 지적하는 것으로 토론에서 결정적인 역할을 한다.

주장은 대체로 아래와 같이 구분할 수 있다. 자신의 주장을 잘 살펴 어느 정도로 주장할 것인지 결정하는 것도 좋은 토론 태도다.

주장이나 의견의 수준

1수준 : 있을 수 없다Impossible.

2수준 : 그럴 수도 있고 그렇지 않을 수도 있다Possibility.

3수준 : 비교적 믿을 수 있다Plausibility.

4수준 : 상당히 믿을 수 있다Probability.

5수준 : 절대적으로 믿을 수밖에 없다Certainty.

1수준   2수준   3수준   4수준   5수준

아주 적은 양의 믿음
(A scintilla of truth)

확신
(Absolute truth)

이러한 수준을 먼저 생각하고 자신의 주장에서 양보할 부분을 살펴보아야 한다. 툴민 모델에서는 이 부분을 수식어로 제한하자고 말한다. 절대·무조건·항상·늘·모두가·누구나 등의 단어를 지양하고 대부분의 경우, 어떤 제한조건에서, 때로는, 거의 모든 사람 정도로 단어를 선택해 말하면 상대의 거부감을 줄이는 효과가 있다.

6. 질문

토론에서 질문은 상대가 스스로 허점을 인정할 수밖에 없도록 날카로워야 한다. 상대방이 스스로 허점을 인정하도록 만드는 질문을 하면 유리한 위치를 차지할 수 있다. 특히 질문할 때는 절대로 상대방의 주장을 되풀이하거나 자신의 의견을 주장해서는 안 된다.

아이들이 아주 어려워하는 것 중 하나가 '질문'이다. 그렇지만 질문이 없으면 토론 안건에 대한 해결책이 좋은 결론에 이르지 못할 수도 있다. 반대가 없는 의견은 그만큼 무언가 허점을 안고 있을 가능성이 크기 때문이다. 그런 의미에서 '질문'은 토론의 필수요소라고 할 수 있다.

(1) 질문 유형

1) 토론자의 의도를 분명히 알고자 할 때

- ~의 용도에 대해 다시 한 번 설명해주겠습니까?
- ~의 최종 목적을 간단히 언급해주겠습니까?
- ~은 이런 뜻입니까?
- 그것을 다시 말하면 ~로 받아들여도 되겠습니까?
- 왜 그 자료가 이 주장의 근거가 된다고 믿습니까?

- ~라고 했는데 그 용어의 뜻을 다시 한 번 분명히 말해주겠습니까?
- 그 자료/정보의 출처가 어디입니까? 그것은 최신 자료입니까?
- ~에서 읽었다고 했는데, 정확한 날짜가 언제입니까?

2) 토론자가 자신의 잘못을 인정하게 하기 위해

- 그 자료를 발표한 지 6개월 후 그분이 ~자료를 발표한 것을 아십니까?
- 인용한 매체를 주로 ~ 사람들이 이용한다는 것을 알고 계십니까?
- 이 자료는 ○○에게 물어봐서 알게 된 것 맞습니까?
- 그분이 이후에 다른 건으로 구속된 것을 아십니까?
- 그 자료가 최신 것이라고 생각합니까?

3) 나중에 자기 토론에 이용할 자료를 얻기 위해

- 통계에 나타난 나머지 사람들의 주장이 무엇인지 알고 계십니까?
- 인용한 자료의 첫 줄을 다시 읽어주겠습니까?
- 그 자료는/분은 이 분야의 전문가라고 확신할 수 있습니까?
- 이 분야에서 전문적인 자료는 무엇이라고 생각합니까?

토론에서 질문과 응답은 서로의 토론을 다듬어주는 역할을 한다. 물론 질문을 받는 것은 유쾌한 일이 아니다. 하지만 질문이 없으면 자기 발언의 어느 부분에 문제가 있는지 알기 어렵다. 결국 토론을 더 잘하는 사람이 되려면 질문은 날카롭게, 응답은 현명하게 할 수 있어야 한다.

(2) 질문자가 해야 할 일

1) 충분히 준비할 것

잘 듣고 질문할 내용을 메모한다.

2) '질문'할 것

질문은 의외로 어려운 일이다. 아이들은 이 단계에서 설교를 하거나 자기 의견을 발표하기도 한다. 질문과 의견 발표를 혼동하면 안 된다. 아이들은 평소에 듣기 훈련이 거의 되어 있지 않아 핵심을 듣고 질문하는 것을 처음엔 잘하지 못한다. 잘 듣는 동시에 핵심을 파악해 질문할 내용까지 메모하는 일이 쉽지 않기 때문이다. 하지만 계속 연습하면 점점 잘해낸다.

3) 대답이 짧게 나오도록 유도할 것

가장 좋은 질문은 상대방이 '예, 아니요, 모릅니다'로 대답하게 하는 것이다. 사람들은 심리적으로 길게 답하려는 경향이 있고 또 모호하게 대답해 약점을 감추려는 경향이 있으므로 상대방이 필요 이상으로 길게 대답하면 답변을 중지시킨다.

4) 예의 바르게 할 것

질문을 할 때는 심문의 성격을 띠기 때문에 자칫 예의를 잃기 쉽다. 지나치게 공격적으로 보이지 않도록 잘 들었다는 인사말과 상대를 존중한다는 표현 혹은 몸짓을 보여야 한다.

토론 이후 질문자가 심문을 하면 응답자는 질문의 핵심을 정확히 파악해 적절하게 응답해야 한다. 응답할 때는 쓸데없이 다른 내용을 추가하거나 회피하지 말고 정직하게 답변하는 것이 좋다. 질문이 좋을수록 응답하기가 편하지만, 질문이 약간 모호하거나 부정확할 경우에는 다시 질문 의도를 물어 주도권을 줄 수 있다.

어떤 질문이든 해보라는 식의 자신 있는 마음자세가 필요하다. 그러면 주눅 들지 않고 자신의 발언을 더 좋게 만들거나 미진했던 부분을 보충할 수 있다.

응답자가 해야 할 일

1) 미리 답을 생각해둘 것

준비 단계나 말하는 과정에서 스스로 예상 질문을 생각해둔다. 특히 약점이라고 생각하는 부분은 더욱 신경 써서 예상 질문을 예측해 답변을 준비한다.

2) 질문하지 말 것

한창 토론을 진행하던 중에 의외로 이런 실수를 많이 한다. 답변해야 한다는 사실에 집중해야 질문자에게 되묻는 실수를 하지 않는다. 얼마 전 강서구청장배 토론대회에서 있었던 일이다. 응답자가 첫 질문을 받고 다시 질문을 했는데, 이후 응답자가 계속 질문을 하고 질문자가 계속 응답을 함으로써 토론장에 모여 있던 사람들이 폭소를 터트린 적이 있다.

3) 짧고 요령 있게 답할 것

쓸데없이 길게 말하지 않는다. 길고 산만한 답은 누구에게도 좋은 인상을 주지 못한다. 사실 토론하다가 질문을 받으면 자신도 모르게 방어적으로 설명하거나 자기합리화를 하려는 속성이 있기 때문에 말이 길어진다. 이 점을 스스로 조심해야 한다.

4) 타당하지 않은 질문에는 대답하지 않을 것

상대방이 관련이 없는 질문을 하거나 타당하지 않은 질문을 했다고 생각하면 그 이유를 밝히고 답변을 거부한다.

5) 응답 중에 자기 팀과 소통하지 않을 것

아무리 날카로운 질문도 스스로 해결하는 것이 좋다. 짧은 응답시간에 동료들에게 말을 걸거나 의견을 구하는 것은 좋지 않다.

CHAPTER

5

토론
조직 지도

1.
전체 구조

Debating Teaching
Point 08

토론은 상대를 설득하기 위한 말이다. 상대를 효과적으로 설득하고 싶다면 먼저 내 말에 귀를 기울이게 만들어야 한다. 그러기 위해 상대가 편안한 마음으로 내 말을 들을 수 있는 분위기를 조성해야 한다. 그다음으로 토론 내용의 처음, 가운데, 끝의 구조를 조직적으로 구성해야 한다. 즉 관심을 끌기 위해 어떤 말로 시작할 것인지, 중간에 들어갈 내용은 어떤 순서로 할지, 마지막을 어떻게 효과적으로 마무리할지를 계획해야 한다. 그래야 산만하지 않은 분위기에서 듣는 사람이 편안한 마음으로 전체 이야기에 귀를 기울일 수 있다.

토론에서는 각각 맡은 역할이 다르다. 그리고 그 각자의 역할에 따라 전체적인 구조 역시 확연히 달라진다. 가령 입론, 반론, 최종 정리를 맡았다고 치면 각각 역할에 맞게 전체 토론의 구조를 잘 조직해서 말해야 한다.

2.
시작하는 법

토론의 시작 부분에서 빠트리지 말아야 할 요소는 세 가지다. 인사와 신상 밝히기, 안건의 해석과 용어의 정리 그리고 전체 주장을 안내하는 일이다. 시작하는 부분은 듣는 사람에게 어떤 첫인상을 심어줄지를 결정짓는 요소이므로 매우 중요하다. 따라서 특히 이 부분이 유쾌하고 재미있으면서 동시에 강한 인상을 남길 수 있도록 신경 쓰고 노력해야 한다.(시작을 잘하는 방법은 123쪽의 '제1차 접전 : 입론' 부분 참고)

3.
마무리하는 법

최종 발언은 청중에게 강한 인상을 남긴다. 이 부분은 아리스토텔레스가 말한 수사학의 3요소가 도움이 될 것이다(《수사학 1》, 이종오 옮김, pp.59~61).

웅변가의 성격 담론이 웅변가를 믿을 만하게 만들 때 웅변가는 성격을 통해 설득함으로써 신뢰감을 불어넣는다.
청중의 정념 Pathos 청중이 정념을 제대로 경험하게 함으로써 설득력을 높일 수 있다.
증명적 가치 각 주제에 들어 있는 설득적인 것에서 사실이나 사실에 가까운 것을 도출해낼 때 설득이 이뤄진다.

아리스토텔레스가 제시한 에토스Ethos는 말하는 사람 자신의 신뢰감을 높이기 위한 것이고, 파토스는 듣는 사람의 감정에 다가가기 위해 노력하는 것이다. 영화 〈더 그레이트 디베이터스The Great Debaters〉를 보면 마지막 토론자로 나선 제임스 주니어James Jr.가 흑인사회의 불평등에 대해 눈물로 호소하는 장면이 나온다. 이것이 바로 이기는 포인트다. 비록 토론은 논증의 경연장이긴 하지만 동시에 상대방과 의견을 주고받는 시간이므로 파토스와 에토스를 활용하는 것이 유리하다.

유머 역시 토론에 윤기를 더해주는 조미료 같은 요소다. 때맞춰 적절한 유머를 구사함으로써 듣는 사람이 웃게 만들면 최고의 토론이 될 수 있다.

CHAPTER
6

토론
태도 지도

의견을 전달할 때는 상대방을 배려하는 태도가 필요하다. 같은 말을 해도 좀 더 듣기 좋고 대하기 편한 자세로 말하면 상대를 설득하기가 더 쉽다.

1.
눈 맞추기
Eye Contact

토론에서 가장 중요한 것은 상대의 눈을 바라보며 말하는 자세다. 청중이 여러 명일 경우 시선을 골고루 분배해야 한다. 눈으로 자신감을 표현하면 말의 신뢰성을 상당히 높일 수 있다. 한 가지 주의할 점은 상대와 눈을 맞출 때 한쪽 눈만 바라보아야 한다는 것이다. 양쪽 눈을 번갈아가며 보면 눈동자가 움직여서 상대방에게 불안하다는 인상을 줄 우려가 있다.

눈 맞추기가 중요한 두 번째 이유는 토론은 글로 쓴 것을 읽는 게 아니라는 데 있다. 토론은 머릿속에 흐르는 생각을 동시에 말로 표현하는 일이다. 그런데 토론대회에 가면 아이들이 미리 써온 것을 유창하게 읽는 모습을 많이 본다. 토론의 기본은 말이다. 간단한 메모는 권장할 만하지만 토론문 자체를 전부 쓰는 것은 피하는 것이 좋다. 그래야 학생들의 토론 실력이 보다 빨리 향상될 수 있다.

2. 바른 자세

말하는 사람의 자세는 토론을 시작하기도 전에 눈에 들어온다. 이때 자신감 있는 표정과 태도로 서 있어야 듣는 사람에게 자기 확신을 전달할 수 있다. 더불어 단정한 차림새와 밝은 표정은 상대를 기분 좋게 해준다.

말하기 전에 바른 자세를 유지하려면 등은 곧게 펴고 가슴은 올리고 배에 힘을 주어 집어넣어야 한다. 시선은 한곳에 집중하지 말고 듣는 사람을 고루 보는 것이 바람직하다. 그래야 듣는 사람의 주의를 끌수 있다.

몸짓은 언어는 아니지만 듣는 사람에게 여러 가지 메시지를 전달하는 도구다. 그러므로 자세와 눈빛, 얼굴 표정 등을 말하는 내용에 맞게 조절해야 한다. 손짓이나 몸짓을 적절히 사용할 수도 있지만 손과 몸을 지나치게 많이 움직이는 것은 좋지 않은 인상을 주므로 주의해야 한다.

3. 말하기

말하기의 기본 원칙은 '청중이 듣기 편하게' 말하기다. 듣는 사람이 잘못 이해하게 말하거나 듣기가 불편하다면 문제가 된다. 말하기에서 조심해야 할 것은 발음과 목소리 크기 그리고 속도다.

(1) 정확한 발음

발음을 똑똑히 해야 듣는 사람이 토론자의 말을 잘 알아듣고 이해한다. 더불어 믿음직스럽다는 인상을 주고 다른 사람이 기억을 잘한다. 아무리 좋은 내용도 수줍음 때문에 작은 목소리로 혼잣말하듯 발음하면 누구도 알아듣지 못한다. 말을 정확히 전달하는 것이 토론의 기본자세다. 특히 말을 끝맺을 때 조심해야 한다. 종결어미를 분명히 발음하지 않으면 약하다는 인상을 준다. 더욱이 공적인 말하기이므로 '요' 체보다 '다, 나, 까' 체를 이용하고 끝을 분명히 발음해 다음 문장과 연결되지 않도록 한다.

또한 말에 허사를 너무 많이 섞지 않아야 한다. 익숙하지 않은 토론자가 공적인 말하기를 시작하면 흔히 '응, 응' 하거나 '뭐냐?', '어, 어' 등의 허사를 많이 섞는다. 이런 습관을 번번이 지적당하면 움츠러들 수 있으므로 좋지 않은 말 습관은 고치려고 노력해야 한다.

(2) 목소리 크기

목소리는 사람의 수와 상황을 고려해 부담 없이 들을 수 있는 수준에서 조절한다. 사람들은 궁지에 몰리거나 불확실하다고 느낄 때, 불안해할 때는 대체로 목소리가 높아지는 경향이 있다. 또는 다른 사람을 위협할 필요가 있을 때도 목소리가 커진다. 가슴 깊이 확신이 있는 사람은 안정감 있는 저음을 낸다. 준비를 충분히 해서 자신 있는 음성으로 발표하고 콧소리가 나지 않도록 주의한다.

전체적으로 톡톡 튀는 밝은 목소리로 생동감이 느껴지게 말하는 것이 좋다. 긍정적인 생각을 하면서 열정을 가지고 말하면 목소리에서 힘이 느껴진다. 무엇보다 중요한 것은 자연스럽게 말하는 것이다.

마치 외워서 말하는 것처럼 딱딱하게 말하면 좋은 인상을 주지 못한다. 내 말을 듣는 상대방이 유쾌한 기분이 들도록 말하겠다는 생각을 하면 도움이 된다.

그리고 중요한 내용과 그렇지 않은 내용을 말할 때는 목소리 크기를 달리해야 한다. 강조하는 부분과 보통으로 말하는 부분을 구분해서 말해야 듣는 이가 훨씬 편안하게 느낀다.

(3) 말하기 속도

지나치게 빨리 말하지 않도록 조심한다. 너무 빨리 말하면 듣는 사람을 숨차게 할 뿐 아니라 서둘러 끝내고 싶은 심리적 상태로 비춰진다. 관건은 멈칫거리거나 딱딱 끊어지지 않게 말하는 동시에 너무 빠르거나 느리지 않게 말하는 데 있다. 말의 속도에 영향을 미치는 것은 바로 숨쉬기다. 따라서 지나치게 심호흡을 하거나 밭은 호흡을 하지 말고 평소의 호흡 습관을 잘 유지하는 것이 중요하다. 말을 잘하는 사람은 다른 사람보다 빨리 들이쉬고 그 숨으로 오랫동안 버틴다고 한다.

말하기 속도가 너무 떨어지는 이유 중 하나는 잠시 쉴 자리와 완전히 멈추는 자리를 잘 구분하지 못하는 데 있다. 글로 따지면 쉼표가 있는 자리는 잠시 쉬어야 하고, 마침표가 있는 자리는 완전히 쉬어야 한다. 그래야 말이 유창하지 않고 멈칫거리거나 딱딱 끊어진다는 인상을 주지 않는다.

CHAPTER

7

토론 평가

토론 평가 과정이 항상 필요한 것은 아니다. 하지만 경우에 따라 정확한 평가와 피드백이 이어지면 아이들이 토론에 더욱 관심을 갖고 열심히 한다. 마지막 부분의 글은 실제로 토론 평가를 해본 학생의 글이다. 보다시피 토론 평가를 직접 해보면 실제 토론에 큰 도움이 된다는 것을 알 수 있다. 토론 평가가 필요할 경우 아래에 제시한 흐름도와 평가표를 활용한다.

1.
토론 흐름도
Flow Chart

토론을 평가하려면 토론의 흐름을 잘 기록해야 한다. 토론은 앞사람의 말에 무반응인 채로 자기 의견만 잘 발표하는 웅변대회가 아니라 상호간의 의사소통이 중요한 '말하기'이기 때문이다.

토론 흐름도를 그리면서 토론이 어떻게 진행되었는지 살펴보면 일방향 주장이 아니라 상대방의 주장을 어떻게 수용하고 효과적으로 반

박했는지 잘 알아볼 수 있다.(부록 B. 12. 토론 흐름도 참고)

2.
토론 평가표

토론을 계획할 때는 평가 기준과 방법도 분명히 제시해야 한다. 그래야 학생들이 그 기준에 따라 토론을 준비하고, 평가하는 사람도 평가를 준비한다.

토론에서 평가는 참가자가 자신의 토론을 되돌아보게 한다는 점과 역류 효과를 일으켜 앞으로의 토론을 더 효과적으로 하게 한다는 점에서 매우 중요하다. 그 최종 목적이 단순히 승패를 가르는 데 있지 않다는 점에 유의해야 한다.

토론 평가는 수행기관에 따라 다양한 형식을 취하지만 그 핵심은 앞서 말한 3M(내용, 방법, 태도)으로 압축할 수 있다. 부록에 제시한 두 개의 표는 성동구립도서관 토론대회에서 사용한 양식으로 실제로 사용할 때는 토론 목적에 따라 약간 변형할 수 있다.(부록 B. 17. 토론 평가표[표준 토론]와 18. 토론 평가표[CEDA 토론] 참고)

제3부

논술

주관을
분명히
드러내기

CHAPTER

1

왜
글쓰기가 중요할까?

1.
현대사회에서
가장 필수적인
능력, 글쓰기

오늘날 광범위하게 필요한 것이 글쓰기 능력이다. 특히 아이들은 알림장을 받아 적는 것부터 시작해 노트 정리를 할 때도 글을 써야 한다. 학교 시험에서도 서술형이나 논술형 평가에서 짧든 길든 글을 쓴다. 글쓰기 능력이야말로 가장 핵심적인 학습 기술이다. 배운 내용을 정리하고 자기 의견을 드러내기 위한 학습자의 기본 기술이기 때문이다.

상급 학교에 진학하기 위해서도 자기소개서를 써야 하는데, 문제는 이걸 자기 힘으로 쓸 수 있는 아이가 많지 않다는 데 있다. 아니, 자신을 소개하는 글을 스스로 못 쓰다니! 그럼 누가 대신 써준단 말인가? 그렇다. 대부분 누군가가 대신 써준다. 그 상태로 상급 학교에 진학하니 공부에서든 생활에서든 문제가 불거질 수밖에 없다.

꼭 자기소개서가 아니더라도 자신을 드러내는 글이나 무언가를 요청하는 글을 쓰는 일이 아주 많다. 어떤 경우든 불편 없이 자신의 요구를 드러내려면 막힘없이 글을 쓸 수 있어야 한다. 그래서 미래사회가 요구하는 능력 중 빼놓을 수 없는 것이 글쓰기 능력이다. 실제로 하버드 대학은 사회 지도층으로 성장하는 과정과 지도층이 된 뒤에도 꼭 필요한 것이 글쓰기라고 강조한다. 미래사회가 요구하는 세 가지 능력은 전문지식과 논리력, 표현력인데 이를 기르는 가장 효과적인 방법이 글쓰기이기 때문이란다. 매사추세츠 공대도 사회에서 생존하는 데 글쓰기가 필수 능력이며, 기술자와 과학자의 업무도 35퍼센트 이상이 글쓰기라고 보고 있다. 이런 이유로 의사소통 집중 과목을 학부 필수과목으로 지정해 부단히 연습시키고 있다.

이는 글쓰기가 현대사회와 미래사회에 얼마나 중요한 능력인지 보여주는 사례다. 글쓰기를 가르치는 것은 '특별한' 교육이 아니라 당연한 교육이다. 현대인은 누구나 일정 수준 이상의 글쓰기 능력으로 자신을 잘 표현할 수 있어야 한다.

2.
글쓰기는 사고력을 키우는 최고의 방법이다

예전에는 읽기와 쓰기를 완전히 다른 과정으로 분리해 가르쳤다. 읽기는 부호의 해독 과정decoding으로, 쓰기는 부호화 과정encoding으로 분리해서 바라봤기 때문이다. 하지만 근래에는 읽기와 쓰기 모두 지식의 재구성이라는 면에서 같은 시각으로 바라보고 함께 지도하는 것이 선진국 교육의 방향이다.

생각 없이 글을 쓸 수 있는가? 글쓰기는 아는 것을 그냥 글자로 옮겨 놓는 과정이 아니다. 글이 되려면 단순히 글자로 옮겨 적는 것 이상의 과정이 필요하다. 우선 쓸거리를 찾아야 한다. 그런데 머릿속에 들어 있는 쓸거리를 밖으로 끄집어낼 때는 질서 없이 아무것이나 튀어나오므로 버릴 것과 글로 쓸 것을 잘 구별해야 한다. 쓸거리를 고른 후에는 순서에 맞게 조직한다. 여기서 순서란 쓰는 사람과 읽는 사람이 모두 편한 순서를 말한다. 이 과정이 끝나면 규칙을 지켜 한 편의 글로 쓴다. 이 모든 과정에서 한순간도 생각을 하지 않으면 글을 쓸 수가 없다.

이처럼 글을 쓰려면 쓸거리를 꺼낼 때부터 생각을 많이 해야 하기 때문에 글쓰기를 '복잡하게 머리를 쓰는 과정'으로 보는 사람도 있다. 덕분에 글을 쓰면 머리가 발달한다. 글을 쓰는 동안 계속해서 머리를 쓰기 때문이다. 이런 과정을 거쳐 어떤 것에 대해 글을 쓰면 처음에 잘 몰랐던 것까지 정리되어 관련 지식이 보다 선명해진다. '참새'에 대해 글을 써본 아이의 참새에 대한 지식은 그렇지 않은 아이에 비해 훨씬 풍부하고 정교하다.

글쓰기는 아이들의 사고력을 그대로 반영한다. 즉, 아이들은 자신이 이미 알고 있는 만큼 지식을 재구성하며 글을 쓴다. 그래서 아이들이 쓴 글을 보면 현재의 사고력 수준이 드러난다. 글의 내용과 어휘 수준, 문장 구성력이 사고력을 보여주기 때문이다.

사고력은 사실 정의하기 어려운 개념이지만 마음속에 얼마나 많은 표상을 가지고 있는가를 보고 짐작할 수 있다. 새로운 심적 표상을 만들 때 우리는 정보를 처리하거나 조작한다. 이때 머릿속에 다른 표상이 많이 들어 있을수록 속도가 빠르다. 미숙한 운전자와 능숙한 운전자의 차이를 보면 이 차이를 금세 이해할 수 있다. 미숙한 운전자일수록 운전석에 앉으면 처리할 정보가 한두 가지가 아니다. 하지만 능숙한 운전자는 차를 운전하면서 여러 가지를 한다(통화나 동영상을 보는 일은 하지 말아야 하지만 할 수는 있다). 이런 일이 가능한 이유는 새롭게 처리해야 할 절차 지식을 자기도 모르게 수행하기 때문이다. 우리에게는 익숙한 일을 자동적으로 처리하는 능력이 있다.

글을 쓰는 과정은 이러한 심적 표상을 차곡차곡 쌓는 것과 같아서 인터넷 게시판에 글을 써본 사람은 글을 보고 상대방의 수준을 금방 알아차린다. 글의 내용이 사고력 수준을 보여주기 때문이다. 글쓰기는 이처럼 사고력과 밀접한 관계가 있다.

쓰기 교육에서 아이들이 가장 먼저 배워야 할 것은 예의다. 누군가가 자기 글을 읽어준다면 얼마나 고마운 일인가(그런 의미에서 지금까지 이 책을 읽어준 독자께 무한히 감사한다).

글을 읽는 사람이 모두 내편은 아니다. 그들은 대체로 다른 의견을 갖고 있거나 일부 의견에서 차이를 보인다. 사람들의 생각이 다 똑같을 수는 없지 않은가. 그래서 글을 쓸 때는 예의를 다해 친절하고 자세하게 써야 한다.

우선 제목부터 친절하게 붙인다. 그래야 독자가 자신의 배경지식을 활성화하며 읽을 준비를 하기 때문이다. 서론에서는 독자의 관심을 고려한 재미있는 이야기로 시작하되 중간에 흥미로운 이야기와 앞으로 나올 대주제문(자기가 쓸 글을 한 문장 정도로 압축한 글)을 연결하는 초점을 제시한다. 본론에서는 차근차근 근거를 들고 그 근거를 설명한다. 이때 가급적 세부 내용을 많이 써야 하는데 이는 이해를 돕기 위해서다. 반론에 대비하는 일도 중요하다.

이러한 노력을 마무리할 때까지 지속해야 한다. 독자 하나하나를 배려하며 서비스하듯 진지한 자세로 글을 써야 한다. 글의 내용은 물론이고 형식적 요소인 구조나 맞춤법에 신경 쓰는 것도 독자를 위해서다. 어떤 아이는 이해하기 어렵거나 문단이 어지러운 글을 보고 '글 폭력'이라고 표현하거나 "난폭한 글이야!"라고 외치기도 한다. 폭력적인 글을 써서 그 글을 읽는 독자를 혼란스럽게 하지 않으려면 많은 수고가 필요하다.

이 과정은 의사소통을 위해 어떤 준비와 자세가 필요한지 깨닫게 한다. 쓰는 과정에서 독자를 의식하며 '이 글을 어떤 목적으로 쓰고 있는지' 고민하다 보면 진정으로 다른 사람과 소통하는 자세를 알게 된다. 물론 생각보다 녹록지 않은 과정이지만 글을 쓸 때는 최선을 다해야 한다. 글쓰기는 다른 사람과의 의사소통을 위한 첫 단추이기 때문이다.

4.
글쓰기 실력은
저절로 늘지
않는다

예전에 글을 많이 읽으면 글쓰기는 저절로 된다는 말을 듣고 놀란 적이 있다. 많이 읽었다고 저절로 잘 쓰게 되는 경우를 본 적이 없기 때문이다. 글쓰기는 실제로 시도해야 실력이 늘어난다.

초기 단계에서는 무엇을 어떻게 써야 하는지조차 알지 못한다. 어찌어찌 글을 쓰기 시작하면 그다음에는 어휘력 부족에 스스로 놀란다. 어쩌면 그토록 자주 한 문장 안에서 같은 단어가 중복되는지 고민스러워진다. 자신이 언제든 능수능란하게 부릴 수 있는 어휘의 총합을 가용어휘력이라고 한다. 가용어휘력이 적으면 글의 분량을 채우기도 어렵고 글도 단순하며 재미가 없다.

간신히 어휘력을 약간이라도 보완하면 이번에는 문장 구성력이 문제가 된다. 같은 유형의 문장만 반복해서 쓰기 때문이다. 한번은 중요한 영어 글쓰기에서 미국에 사는 분께 글을 고쳐달라고 부탁한 적이 있다. 그가 고쳐준 글을 보고서야 나는 내 작문의 문제점을 확실히 알수 있었다. 문법에 어긋나진 않았어도 너무 단순해 재미가 없던 내 글은 똑같은 내용임에도 완전히 다른 느낌으로 다가왔다.

이처럼 글은 작은 차이 하나가 결과에 커다란 차이를 낸다. 어쩌면이것은 작은 차이가 아닐지도 모른다. 이 모든 것을 극복하려면 부지런히 읽고 또 끊임없이 쓰는 과정이 따라주어야 하니 말이다.

글을 많이 읽으면 머릿속에 쓸거리가 쌓이지만 그대로 글이 되는것은 아니다. 꼭 필요한 내용을 선택하고 그것을 잘 조직해 표현하는과정이 뒤따라야 한 편의 글이 완성된다. 글을 많이 읽었다면 쓸거리를 마련한 것일 뿐 저절로 글이 잘 써질 거라고 기대해서는 안 된다.

5.
왜 토론 후
글쓰기인가?

토론한 다음 토론 내용을 한 편의 글로 정리하는 연습을 하면 여러모로 좋다. 토론과 논술은 내용 면에서 유사한 점이 많기 때문이다. 토론이 말로 상대를 설득하는 것이라면 논술은 글로 상대를 설득하는 것이다. 내용이나 구조, 표현 양식 면에서는 구어와 문어라는 차이만 있는 것 같다. 토론 내용이든 글의 내용이든 자기 의견을 담아야 한다는 점에서는 똑같다.

사람의 뇌는 아주 신비해서 말하는 과정 중에 아주 많은 연습을 하게 한다. 말할 내용을 결정하는 것부터 무엇을 먼저 말하고 무엇을 나중에 말할지 그리고 어떤 구조로 말할지를 결정하는 과정 자체가 토론이다. 그런데 이 과정에서 상당히 많은 내용이 자기도 모르게 정리된다.

사실 토론은 말로 하는 것이라서 체계를 갖추기가 굉장히 어렵다. 아무리 말을 잘하는 사람도 미리 써놓은 것을 읽는 게 아니면 말에 많은 문법적 오류를 담고 있게 마련이다. 이러한 토론 내용을 글로 쓸 때는 글의 논리를 받아들여야 한다. 이때 말에서 불완전하던 부분이나 언어 이외의 몸짓, 얼굴 표정, 주변 분위기 같은 도움을 받아 의사를 전달한 부분을 오로지 글로만 채워야 한다. 그래도 쓸거리가 있고 처음부터 글로 시작한 것과 달리 많은 준비가 되어 있으므로 조금은 쉽게 쓸 수 있다.

토론 교육에서 아이들이 한쪽 편으로 쏠릴 경우, 나는 반강제로 다른 팀의 입장이 되어보라고 권하기도 한다. 이후 글을 쓰게 하면 많은 경우 자신이 억지로 섰던 편의 글을 쓴다. 자기한테 자신이 설득당한 셈이다. 실제로 많은 아이가 말을 하다 보니 이상하게 입장이 바뀌게 되더라고 고백한다.

여하튼 말하기를 통해 자기 의견을 정리한 후에 쓰는 글은 더 알차고 조직적이다. 토론 내용을 떠올리며 글을 쓰면 다시 정리하거나 새롭게 보충하는 내용이 생긴다. 이 과정을 반복할 경우 학생들의 글쓰기와 토론 실력은 빠른 속도로 향상된다.

좋은 글은 발상이 신선하고 표현력이 뛰어나다. 그런데 아이들이 좋은 글을 쓰기 위해서는 아는 것이 풍부해야 한다. 아는 것도 부족하고 생각하는 힘도 약하면 글의 길이가 짧고 산만하며 자기만의 생각을 담아내지도 못한다.

따라서 먼저 읽어야 한다. 읽는 과정에서 토론 안건을 찾게 하면 사고력 독해가 일어난다. 토론 안건을 찾기 위해서는 구체적으로 생각하며 읽어야 하기 때문이다. 읽는 과정에서 생각을 잘 정리하고 그중에서 특히 다른 사람과 의견을 나누고 싶은 내용은 주변의 누군가와 토론한다. 친구들이나 선생님, 부모님과 토론할 수 있다면 최상의 조건일 것이다. 하지만 주변에 사람이 없다면 혼자 생각해도 된다. 다만 토론을 가상하며 입장을 나눠 주장을 정리한다.

이후 그 내용을 글로 쓰면 쓸 내용이 좁혀진다. 책 내용 중 호기심을 끈 부분을 찾아 깊이 있게 생각한 뒤 쓰는 글은 주마간산 격으로 구경한 다른 것을 쓰는 것보다 깊이가 있다.

독서와 토론이 글쓰기의 재료를 마련해준다는 점에서 의미 있는 과정이라면, 쓰기는 다시 독서와 토론에 긍정적인 영향을 미친다. 잘 쓰는 사람은 생각을 조직적으로 잘하고 그 실력으로 훨씬 더 비판적으로 독서를 한다. 잘 읽으면 당연히 좋은 토론 안건을 찾아낼 수 있다. 그리고 토론을 잘할 경우 생각이 논리성을 띠면서 쓸거리가 늘어나는 선순환을 이룬다. 이런 이유로 독서와 토론, 쓰기를 연계해 한꺼번에 지도하는 것이 최고의 교육법이다.

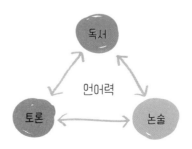

CHAPTER
2

논술 지도
목표

1.
좋은 글 vs.
부족한 글

좋은 글과 약간 부족한 글은 사고력의 차이를 확인하는 좋은 잣대다. 단어의 조합과 문장 구성이 고스란히 드러나는 글에는 글쓴이의 생각이나 가치관 등이 집약되어 있기 때문이다. 실제로 누군가가 쓴 글을 읽어보면 그 사람의 사고 수준을 파악할 수 있다.

물론 생각이 훌륭해도 표현력이 부족하면 그 또한 문제가 된다. 나는 가끔 외국에서 오랫동안 생활하다 돌아온 아이를 만난다. 이들의 사고체계는 대체로 개방적이고 창의적이다. 그러나 자신의 생각을 '한글'로 표현하는 데는 꽤 서툴다. 어릴 때부터 우리말보다 영어를 접한 시간이 더 많은 아이도 이와 비슷하다. 간혹 사고력이 발달한 아이인데 어휘력이 부족하거나 한국어 구조에 익숙하지 않아 좋지 않은 글을 쓰는 아이도 있다는 얘기다. 사고력이 부족할 경우 많이 읽고 토론하는 과정을 거치면 글이 점점 좋아진다. 특히 생각은 많은데 표현하는 방법이 서툴다면 쓰는 연습을 지속적으로 해야 한다.

아래의 예는 글에 나타나는 사고력의 차이를 보여주는 두 편의 글이다.

《우리 엄마는 여자 블랑카》
'하나 엄마가 한국에 온 것은 잘못된 일인가?'

***(초등학교 4학년)

나는 《우리 엄마는 여자 블랑카》란 책을 읽고 엄마가 사람들을 인해 놀림을 받는 걸 알 수 있습니다. 예를 들어서 남편에게 깊은 상처를 입은 걸 알 수 있습니다. 그래서 전 하나 엄마가 한국에 온 것이 잘못된 것 같습니다.

첫 번째. 엄마의 가족을 못 본다. 가족을 못 보면 슬프고 우울하다. 그런대 돈이 없어서 가족을 못 보려 간다. 그러면 오래오래 시간이 갈수록 가족을 잊을 수 있다. 이런 상황이라도 일을 해서 돈을 벌어 가족을 보러 갈 거이다.

두 번째. 하나랑 엄마는 하나 이웃 아니면 하나의 친구들에게 놀림을 받는다. 친구들 이 하나엄마는 블랑카 엄마라고 놀렸다. 그리고 엄마를 볼 때 마다 안 좋은 이야기만 골라 서 이야기 했다. 슈퍼마켓 아줌마는 하나엄마에게 한국 사람이 아니라고 놀린 적도 있다.

세 번째. 모든 것이 불편했다. 말도 잘 못했다. 왜냐하면 한국어 이기 때문이다. 하나 엄마는 베트남 사람이다. 베트남 이랑 한국은 사람이랑 자연환경. 음식들이 다르다. 그래서 불편한 점이 많이 있었다.

전 이런 이유로 여자 블랑카 하나 엄마는 한국 말고 베트남에서 있어야지 불편함 없이 행복하게 살 거 같다.

인권 차별, 더 이상 두고 볼 수 없는 문제
《우리 엄마는 여자 블랑카》를 읽고

*** (초등학교 4학년)

요즘 우리는 주변에서 쉽게 외국인 관광객들을 볼 수 있다. 하지만, 대다수의 사람들은 피부색을 기준으로 미국을 포함한 유럽 계통의 사람들은 잘 대해주면서, 동남아에서 온 사람들은 무시하는 경향이 있다. 어떠한 이유라도 이런 작은 행동 하나하나가 그들에겐 큰 상처를 줄 수 있다. 우리는 이렇게 생각해야 한다. '그들도 우리와 같은 사람이며, 동등하게 존중 받을 권리가 있다. 그러므로, 그들의 인권을 존중해주고, 근본적인 차별은 하지 말아야 한다.' 이번주 우리가 공부한 책에서의 리엔은 베트남에서 온 '하나'의 새엄마이고, 한국에 와서 동남아인 으로서의 많은 차별을 겪게 된다. 하지만, 나는 그런 어려움을 생각하더라도 리엔이 한국에 온 것은 잘한 일이라고 생각한다.

대한민국은 리엔이 예전부터 꼭 오고 싶어했던 나라이다. 리엔은 대학에서도 한국어를 배우고 철저히 준비하였다. 책에서도 리엔이 한국에 오기 위해 얼마나 준비해 왔는지 자세히 나와있다. 이것으로, 리엔이 얼마나 한국에 오고 싶어했는지 알 수 있다. 생각해본다면, 리엔에게는 한국에 오는 것은 꿈이나 희망 같은 존재였을 것이다. 사람들은 누구에게도 꿈과 희망을 포기하라고 말할 자격이 없다. 결국, 리엔은 자기가 끝까지 원하던 나라에 왔으니 잘한 것이다.

리엔은 한국에 와서 행복한 가정을 꾸릴 수 있게 되었다. 남편과 아이 둘이 있는 꽤 안정된 삶도 얻게 된다. 물론, 그 사이엔 리엔의 많은 힘든 과정과 노력들이 있다. 하지만, 그 힘든 과정들을 통해 그만큼 좋은 결과를 얻었으니, 리엔도 자신의 새로운 가정과 결과에 만족할 것이다. 또 한가지, 이제 가족들은 리엔을 이해하고, 주변 사람들도 리엔을 존중해준다.

그리고 한가지 더 리엔은 한국에 와서 자기나라 사람들을 도와줄 수 있게 되었다. 한국에서 차별당하고 있는 많은 외국인 노동자들을 위해 인권 운동가가 될 수 있었다. 그러므로, 리엔은 자신의 고국 사람들에게도 도움을 주는 선택을 한 것이다. 어쩌면, 이 일은 베트남에서도 할 수 있는 일 일지 모른다. 하지만, 한국에 와서 직접 도움을 주는 것이 더 효과적이기도 하고, 많은 사람들을 도와줄 수 있다.

리엔은 대학도 나오고, 베트남에서는 좋은 환경에서 자란 사람이다. 하지만, 모든 것을 버리고 한국으로 왔다. 그의 이런 행동이 어리석게 보일 수도 있겠지만, 나는 이런 선택이 잘못되었다고 생각하지 않는다. 행복한 가정을 꾸리고, 원하던 나라에 왔고, 원하던 성과를 얻었으니 리엔은 정말 잘한 것이다. 더불어 동남아에서 왔다라는 이유로 제대로 대접받지 못하는 외국인 노동자들, 이제는 그들의 인권을 보호해야 한 다고 생각한다. 사람들은 누구나 존중 받고, 인정 받을 가치가 있다.

위의 두 글 중에서 좀 더 깊은 사고력을 드러내는 글은 어느 글인 가? 두 번째 글이다. 왜 그럴까? 단순한 표현력이 아니라 사용하는 어 휘의 수준이나 문장 구성력 면에서 뚜렷한 차이가 나기 때문이다. 그 차이는 사고력 차이에서 비롯되며, 사고력은 독서량의 영향을 받는 다. 위의 두 글에서도 그런 차이가 명확히 드러난다.

다음은 생각은 좋은데 한글로 표현하는 실력이 부족한 아이의 글 이다. 문단 개념도 없고 맞춤법 실수도 많지만 무엇을 쓰고자 하는지 는 분명히 드러난 글이다.

《소피의 못 말리는 패션》

***(초등학교 3학년)

나는 소피는 바른 어린이라고 생각한다. 아무리 누가 모라 모라 해 도 사관 없고 선생님 까지도 엉뚱이라고 말하는대도 소피는 상관 업어 하지만 소피가 오을 많이겹쳐입고 목거리도 5개씩하고 벨트 3개씩 해도 애들이 이상한 애 겠지라고만 생각 하면 될걸 왜 그거에 대해 안된다고하는게 이해가 안된다 학교한태 피해주는것도 없고 오위러 학교가 소피한태피해 주는게 많은대 왜 옷 때문에 소피를 그렇개 해야되는지 몰르겠다. 그리고 공부잘하고 모가 더 잘해야되는지 몰르겠다. 옷은 얼마든지 자유롭게 새로운스타일로 입고 겹쳐 입어도 따른 학생들에게는 상관없는일이고 따른 학생왕따 나 때리거나. 이상한소문 퍼드리거나 친구들 고자질 같은 것도 않고 옷을 좋아해서 옷을 겹겹입거나 그러는게 죄도아닌대 왜 소피를 옷을 다른 아이들처럼이버야되는지 몰르겠다. 그러니까 소피는 괜찮은 아이다.

2.
논증적 글쓰기
루브릭

일반적인 논증 글에서는 무엇을 가르쳐야 할까? 토론과 논술은 자신이 알고 있는 자료를 배경으로 창의적이고 독창적인 근거를 들어 상대를 설득한다는 점에서 일맥상통한다. 따라서 논증적 글쓰기 루브릭은 토론 루브릭과 상당 부분 유사하지만 글은 말과 약간 다른 특성을 보인다.

논증적 글쓰기 루브릭

구분	항목	채점 기준			점수
		3점	2점	1점	
주장	주제	주제를 창의적이고 분명하며 간결하게 잘 드러냄	주제를 드러내고 있으나 창의성, 선명성, 간결성 면에서 부족한 부분이 있음	주제가 무엇인지 알기 어려움	
	근거	창의적이고 적절한 근거를 충분히 들고 있으며 근거를 논리적으로 배열함(세 가지 이상)	창의적이고 적절한 근거가 부족할 때가 있고(두 가지 이하) 근거의 배열순서가 때로 논리력이 떨어짐	근거가 부족하고(한 가지 이하) 근거의 배열순서가 논리적이지 않음	
	뒷받침 문장	근거를 뒷받침하는 세부사항을 다양하고 효과적인 방법을 사용해 충분히 설명함	세부사항이 충분하지 않은 부분이 있고 설명 방식도 논리성이 약간 떨어짐	적절하지 않은 세부사항이 있고 설명 방식도 비논리적임	
	반론 예상하기	예상한 반론을 충분하고 성의 있게 드러내고 있음	예상하는 반론을 충분하고 적절하게 제시하지 못함	예상하는 반론을 생각하지 못하거나 지나치게 형식적임	
	반론 꺾기	반론을 적절하게 효과적인 내용과 방법으로 꺾고 있음	반론 꺾기를 했지만 부적절하거나 비효과적인 경우가 있음	반론 꺾기를 못했거나 했더라도 부적절하거나 비효과적인 경우가 있음	
	제한조건 고려	예외나 기타 제한조건을 고려해 부드럽게 쓰고 있음	가끔 예외를 고려하지 못하고 지나치게 강한 어투가 나타남	지나치게 강한 확신을 보이고, 예외 상황을 고려하지 못함	
조직	전체 구조	제목을 포함해 처음, 가운데, 끝이 잘 구조화되어 있고 문단 간과 문장 간의 연결이 매끄러움	전체 구조가 때로 불안정하고 문단 간, 문장 간의 연결이 매끄럽지 않은 경우가 있음	구조화에 대한 개념이 없는 경우도 있고 문단 간, 문장 간의 연결이 매끄럽지 않은 경우가 많음	
	서론 쓰기	독자의 관심을 고려해 재미있으면서 관련이 있는 화제로 시작하고, 글의 초점과 대주제문이 있음	독자의 관심을 끄는 화제가 없거나 관련성이 떨어지고, 글의 초점과 대주제문 없는 것이 있음	독자의 관심을 끄는 화제, 글의 초점, 대주제문 중 부족한 부분이 아주 많음	
	본론 쓰기	문단 배열이 자연스럽고 모든 세부사항이 주제와 연결되어 있으며 주장이 분명하게 드러나 있음	문단 배열이 자연스럽지 않거나 모든 세부사항이 주제와 연결되지 않은 부분이 있음	문단 배열이 부자연스럽고 세부사항 중 주제와 연결되어 있지 않은 부분이 많음	
	결론 쓰기	본론에서 논의한 핵심 논거를 본론과 다른 표현 방식을 사용해 강조하고 기타 효과적인 방법으로 마무리함	본론에서 논의한 핵심 논거를 반복 강조하거나 크게 효과적이지 않은 방법으로 마무리함	본론에서 논의한 핵심 논거를 단순 반복하거나 효과적이지 않은 방법으로 마무리함	
표현	문장 구성력	문장 길이와 형태가 다양하고 문장마다 새로운 생각을 담고 있음	문장 길이와 형태가 단조로우며 의미 전달을 방해하는 문장이 있음	문장 길이나 형태가 매우 단조롭고 같은 문장을 반복하기도 함	
	어휘력	낱말 선택이 바르고 신선 및 유창하며 상상력을 발휘한 낱말을 사용함	대체로 평범한 낱말을 사용하지만, 가끔 창의적이고 유창한 낱말을 사용함	부정확하고 미숙하며 제한적인 낱말을 반복 사용함	
	맞춤법	맞춤법, 띄어쓰기 등이 완벽함	문법, 띄어쓰기 등에 간혹 오류가 있음	문법, 띄어쓰기 등에 오류가 많음	
총점(39점)					

아이들이 쓰는 글이 논증적인 글에 국한되는 것은 아니다. 재미있는 이야기나 시도 쓴다. 그러므로 아름답고 풍부한 우리말 어휘를 활용해 자신만의 감정을 잘 나타내는 예쁜 글을 쓰는 연습이 중요하다. 다만 이 책에서는 논술에 초점을 두고 글쓰기를 말하고 있으므로 루브릭도 논술 쓰기에 국한했다.

(1) 글의 내용

주제
근거
뒷받침 문장
반론 예상하기
반론 꺾기
제한조건 고려

(2) 글의 조직

전체 구조
서론 쓰기
본론 쓰기
결론 쓰기

(3) 표현력

문장 구성력
어휘력
맞춤법

CHAPTER

3

글의 내용

주장을 말로 하면 토론이 되고 글로 쓰면 논술이 된다. 무엇을 말할 것인지에 대해서는 토론 파트를 참고하자.

우리는 왜 글을 쓰는 걸까? 불투명한 자신의 생각을 정리할 기회를 얻고, 자기주장을 펼쳐 다른 사람의 마음이나 행동을 바꾸기 위해서일 것이다. 특히 글은 자신만을 위해서 쓰는 것이 아니므로 독자를 고려하며 전달력과 설득력을 높일 방법을 고민해야 한다.

이 장에서는 독서논술 내용을 어떻게 채워야 하는지 알아보자.

1.
주제

독서논술에서는 앞서 토론한 내용 위주로 글로 쓰게 된다. 토론은 하나의 안건을 다루게 되므로 독서논술도 책에서 생각한 내용 하나를 골라 심도 있는 토론을 거친 후에 그 주장을 논리적으로 펼치는 글을 쓰게 된다.

주제는 책을 읽고 그 안에서 주장하고 싶은 생각을 담아 한 편의 글로 나타내는 것이다. 주제는 다른 사람들이 생각해볼 만한 가치가 있는 것이면 더 좋다. 그러한 주제를 근거들을 잘 들어서 글이 전체적으로 일관성 있고 통일성 있게 전개하면 된다. 글을 쓰기 전이나 글을 쓰는 과정에서 자신이 이 글에서 주장하고 싶은 내용이 무엇인지를 계속 의식하는 것이 중요하다. 그래야 초점을 놓치지 않고 끝까지 주장을 펼쳐 나갈 수 있다.

글이 전체적으로 산만하여 무엇을 말하고자 하는지 모르는 글은 좋은 글이라고 할 수 없다.

2. 근거 제시하기

Writing Teaching
Point 02

글에서 드는 근거란 토론에서 제시하는 논점과 같다. 주장을 펼치는 데 구체적으로 어떤 논점을 제시하고 그것을 논점으로 삼아 논의를 전개하고 있는지는 글쓰기에서도 매우 중요하다. 토론에서 설명한 내용을 참고로 하여 주장을 뒷받침하기에 충분하고 적절한 근거를 들 수 있도록 노력해야 한다.

그런데 이 단계에서 대안을 제시하는 아이들이 의외로 많다. 어떤 문제를 놓고 따지다 보면 왠지 대안을 내놓아야 할 것 같은 느낌에 빠지기 쉽다. 하지만 근거를 드는 것과 대안을 제시하는 것은 차원이 다른 일이다.

《다르니까 재미있어!》(엘레나 앙굴로 안투네스 외 지음)를 읽고 "자신과 성격이 다른 아이와는 좋은 친구가 되기 어렵다"는 안건으로 토론할 경우를 예로 들어보자. 어떤 입장을 지지하든 그 이유에 대해 설명을 하고 반론을 꺾으면 된다. 그런데 이러한 관계를 잘 이해하지 못하는 경우 느닷없이 "그 친구와 같은 취미를 가지려고 노력하면 더 친해질 수 있다"라는 대안을 제시하면 해당 안건과는 관련 없는 이야기가 되고 만다. 만약 이와 같은 대안이 나왔고 토론에 기초가 조금 부족한 아이라면 "친구에게 나와 같은 성격으로 바꾸라고 말하는 것이 더 낫다"라고 받아칠지도 모를 일이다. 만약 이런 일이 벌어졌다면 그 토론은 이미 산으로 간 것이다. 글도 마찬가지다.

물론 경우에 따라 대안이 필요할 경우도 있지만 대체로는 안건 자체에 대해 지지하는지 반대하는지 이유를 밝히는 경우가 더 많으므로 주의해야 한다.

3. 뒷받침 문장

Writing Teaching
Point 03

근거를 들었으면 그 근거를 충분히 설명해야 한다. 토론에서 연습한 내용은 글에서도 통한다. 만약 근거를 추상적, 일반적인 수준에서 들었다면 그 근거를 읽는 사람이 쉽게 이해할 수 있도록 논증 절차를 지켜서 써야 한다. 토론 6단 논법에서는 그 절차를 편의상 '설명'이라고 한다. 글에서는 더 많은 증거를 들거나 권위에 의존하기, 적절한 예 들기, 통계나 징후 인용하기를 활용할 수 있다.

4. 반론 예상하기

Writing Teaching
Point 04

어떤 주장을 해도 반드시 살펴야 하는 것이 반론이다. 이것은 상대가 있는 토론에서는 다른 사람의 도움을 받아 해결할 수 있지만 글을 쓸 때는 스스로 해결해야 하는 문제다. 근거와 그에 따른 설명을 쓴 다음, 그 주장에 대해 다른 사람들이 어떤 반론을 펼칠지 곰곰이 생각해서 반론을 펴야 좋은 글이 나온다. 반론 쓰기에서 주의할 점은 앞에서 자신이 제시한 근거 및 뒷받침과 관련된 것이어야 한다는 점이다.

아이들은 흔히 자신이 앞서 든 근거와 전혀 관계가 없는 반론을 펼치는 실수를 저지른다. 아래에 예를 든 글처럼 논점은 강제성인데 그에 대한 반론이 '원하는 대로 되었다'라면 좋은 반론으로 볼 수 없다.

《좋은 엄마 학원》 | 다정이가 엄마를 학원에 보낸 것은 잘한 일이다

첫째, 강제성 때문에 엄마가 마음의 문을 닫았다.(이유) 강제란? 다른 사람이 억지로 또는 힘으로 사람을 조종하는 것을 말한다. 이렇게 강제로 사람을 조종하면 사람은 마음의 문을 닫는다. 다정이네 엄마가 충격을 받아 마음의 문을 닫은 것처럼 말이다. 만약 엄마를 학원에 보내지 않았다면 이런 일은 생기지 않았을 것이다. 물론 다정이가 원하는 대로 되어 잘되었다고 생각하는 사람도 있을 것이다.(잘못된 반론) 그리고 이 학원을 보냈더라면 서로의 마음을 이해하게 되었을 것이라고 생각하는 사람도 있다. 하지만 나는 엄마를 학원에 보내면 위에 있는 강제성 때문에 엄마가 무뚝뚝해 졌다고 생각한다. 아무리 다정이가 엄마의 단점을 없애고 장점만 살렸다고 해도 이렇게 되는 것 까지는 다정이가 원하는 일이 아니었을 것이다.

5.
반론 꺾기

예상 반론을 썼다면 다음 단계로 그 반론을 효과적으로 잠재우는 과정이 뒤따라야 한다. 자칫 실수로 예상 반론만 쓰고 글을 마무리하면 이상한 글이 되고 만다. 반론을 꺾는 과정을 글로 쓰되, 그 반론을 논리적으로 잠재우는 내용이 필요하다.

《마틴 루서 킹》 | 흑인도 무장해서 블랙파워를 보여줄 필요가 있다

일단 백인의 기를 꺾어 놓아야만 한다. 백인은 총과 무기를 들고 있다. 하지만 흑인이 무서워하고 당하기만 하면 백인의 폭력은 더 심해질 것이다. 물론 흑인도 무기를 들면 백인이 더 큰 무기를 들고 올 수도 있다. 백인들은 지금 흑인들이 저항하는 것이 아주 마음에 안 들기 때문에 지금보다 더 무서운 무기를 들고 올 것이다.

글에서 지나친 확신을 드러내는 것은 경계해야 한다. '모든 사람', '절대적으로' 같이 확신이 지나친 말은 가급적 사용하지 말고 범위를 한정해 표현할 필요가 있다. '모든 사람이 그렇다'고 말하기보다 '대부분의 사람이 그렇다'고 말하는 편이 읽는 사람에게 부담을 덜 준다. '무조건 그렇다'고 말하기보다 '어떤 경우엔 그렇다'고 말하는 것도 덜 부담스러운 표현이다. 이러한 측면이 글에 나타나지 않도록 지도해야 한다.

《국경 없는 마을》| 띠안 아빠가 인도네시아로 돌아간 것은 잘못한 일이다.

우리나라에는 많은 외국인 노동자들이 돈을 벌러 온다. 그들은 더 나은 삶을 찾기 위하여 오지만 모두 실패한다.

CHAPTER

4

글의 조직

1.
전체 구조

Writing Teaching
Point 07

좋은 글이란 쓰는 사람이나 읽는 사람 모두에게 유익한 글을 말한다. 쓰는 사람은 일정한 형식 안에서 주장을 쓸 수 있어 편리하고, 읽는 사람은 쓰는 사람의 의도를 미리 짐작할 수 있어야 한다.

아래 구조는 주장 글의 기본적인 패턴이다. 그렇다고 이 방식이 최고라는 뜻은 아니다. 많은 글이 이런 구조로 쓰이고 있지만 나중에 글을 잘 쓰게 되면 얼마든지 창의적으로 바꿀 수 있다.

글이 다섯 문단인 이유는 한때 서양에서 다섯 문단 글쓰기가 최고의 글쓰기 방법으로 여겨져 붐이 일어난 데서 유래한다. 이것은 한 편의 글을 다섯 문단으로 구성하되 첫 문단은 서론, 가운데 세 문단은 본론, 마지막 한 문단은 결론으로 구성하는 방법이다. 이는 비교적 따라 하기가 쉬워 교육 현장에서 많이 이용하고 있고 설명 글에서 지금도 가장 자주 볼 수 있는 구조. 서문과 결문을 한 문단씩 하고 본문을 세 문단 정도로 하면 글을 쓰기도, 읽기도 쉽기 때문이다. 지금도 많이 쓰이고 있지만 지나치게 형식을 강조한다는 점에서 비판을 받고 있기도 하다.

　하지만 실제로 글쓰기 지도할 때는 매우 효과적인 틀이다. 아이들이 이해하기도, 따라 하기도 쉽다고 느끼는 형식이기 때문이다.

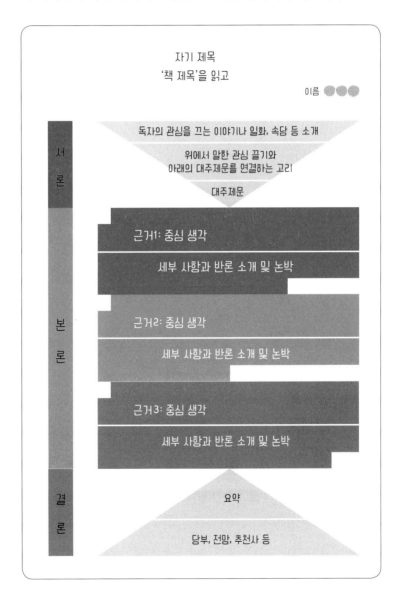

서론은 자신이 글을 왜 쓰는지 밝혀 독자의 관심을 끌고 읽을 준비를 하게 한다. 특히 서론에서는 독자의 흥미를 유발하는 것은 물론 자기가 이 글을 왜 쓰는지 분명히 드러내야 한다. 여기에서는 세 가지 단계를 거치는 것이 좋다.

(1) 주제와 관련된 화제로 시작하기

1) 주제와 관련된 화제로 시작하기

주제와 관련이 있으면서도 약간 다른 방향에서 이야기를 시작하면 독자의 흥미를 배가하고 주의를 환기시킬 수 있다. 아이들은 대체로 처음에는 이것을 어려워한다. 말하고자 하는 내용과 관련해 다른 화제를 끌어오기도 쉽지 않고 관련 경험이 있기도 쉽지 않은 탓이다. 그래도 익숙해지면 뉴스나 자신의 경험 그리고 다른 책에서 읽은 이야기 혹은 들은 이야기 등으로 시작한다. 속담 및 격언 활용, 보통사람들의 생각 떠올려보기, 낱말풀이 등으로 시작하는 연습을 하면 보다 적절하고 재미있게 서론을 풀어간다. 가끔은 도발적인 질문으로 시작하기도 한다.

직접적인 방법으로 이야기를 시작하는 게 아니라 독자의 관심을 배려하고 흥미를 끌어들이기 위해, 다시 말해 미끼를 던지기 위해 재미있게 시작할 필요성을 인식할 경우 좀 더 잘할 수 있다.

2) 글의 초점 밝히기

서론에서 글의 초점을 밝히는 것은 왜 이 글을 쓰게 되었는지 구체적으로 서술하는 것을 의미한다. 독서논술에서는 책의 어느 부분과 관런이 있는지 밝힌다. 특히 서론은 이야기를 자연스럽게 시작한 다음 그 이야기를 시작한 이유가 앞으로 나올 내용을 말하기 위해서라는 점을 알 수 있도록 연결하는 부분이다.

3) 대주제문

대주제문이란 전체적인 주장을 한 문장으로 나타낸 것을 말한다. 만약 글을 다 삭제하고 마지막 한 문장만 남겨야 한다면 그때까지 살아남을 문장이 바로 이것이다. 서론의 마지막 문장에 대주제문을 쓰면 독자가 본론에서 기대할 것이 무엇인지 보여주는 셈이므로 글 쓰는 목적을 달성할 수 있다.

《별볼일 없는 4학년》| 피터에게는 동생 퍼지가 있는 것이 좋다

(1) 많은 아이가 접하는 첫째와 둘째 사이의 갈등. 둘째는 보통 사고 담당. 첫째는 뒤처리 담당이다. 나도 둘째인데 누나와 네 살 차이가 난다. 그래서 많은 갈등을 겪고 있다.(화제) (2) 그런데 피터와 퍼지는 나보다 두 배 더 많은 일곱 살이나 차이가 나는 바람에 갈등도 두 배 더 많다. 나이 차가 크다 보니 서로를 이해하지 못해 더 큰 문제다. 피터는 퍼지가 저지르는 일을 다 소화하지 못하고 버거워한다.(초점) (3)피터는 그런 퍼지가 없었으면 하지만 난 퍼지가 있어 피터가 이렇게까지 클 수 있었다고 생각한다.(대주제문)

(1) 나는 맏이다. 외동인 친구들은 잘 모르겠지만 동생을 상대하는 것은 정말 힘에 부친다. 같이 놀아 달라. 자기를 봐 달라. 어떨 때는 짜증이 난다. 학원에서 돌아오면 지치는데 눈치도 없이 나를 괴롭힌다. 동생은 우리 가족의 구성원이기도 하지만 내게는 골칫거리이기도 하다.(화제) (2) 《별볼일 없는 4학년》도 나와 똑같이 골칫거리 동생이 있는 4학년 피터의 이야기다. 그런데 어떤 사람들은 피터에게는 퍼지가 있는 것이 행복이라고 한다.(초점) (3)하지만 나는 행복이 아니라고 생각한다.(대주제문)

(2) 서론 쓰기의 발달 과정

서론을 쓰는 과정을 잘 살펴보면 세 가지 의무를 다하기까지 많은 시간이 걸린다는 것을 알 수 있다. 그러면 아이들이 서론을 어떻게 쓰기 시작하는지 살펴보자. 많은 아이가 이 단계를 거쳐 서론을 효과적으로 쓰기 시작한다.

1) 형식적으로 한 문장 정도로 서론 쓰기

> 나는 일기 검사는 별로 중요하지 않아서 일기 검사는 꼭 필요하지 않다고 본다.(《일기 감추는 날》)

> 나는 글 실력이 좋아지는 이유로 3학년은 일기 검사가 꼭 필요하다고 생각한다.(《일기 감추는 날》)

2) 단도직입적으로 시작하되 자신이 몇 가지 이유를 쓸 것인지 밝히는 단계

> 나는 '어른의 잘못이 더 크다'는 의견에 찬성한다. 나는 총 세 가지의 이유로 이 의견을 설명할 수 있다.(《고래 벽화》)

> 여러 사람들은 폭력 때문에 많이 고생한다. 그렇기 때문에 용기 있게 맞서야 한다. 하지만 용기 있게 맞서려고 다시 폭력으로 되갚는 것은 되지 않는다고 생각한다. 이제부터 그 이유를 두 가지만 들겠다.(《폭력은 싫어》)

'개구리'는 약한 아이가 계속 강한 아이에 대항해 결국 이기는 이야기다. 여기에는 강한 아이에 따르는 약한 아이 중 한명인 거북이가 있다. 나는 거북이처럼 사는 것이 현명하다고 생각한다. 그 이유는 두 가지가 있다.(《개구리》)

3) 서론이 약간 길어지기 시작하지만 책의 줄거리로 채우는 단계

왕초는 아이들이 지지하는 아이다. 왕초가 시키면 무엇이든 하는 아이 거북이가 있다.

어느 날 왕초가 시켜서 개구리와 거북이가 싸우게 되었는데 개구리가 졌다. 그날 미술시간 이었다. 자기마음대로 풍경을 그려 선생님께 내는 거였다. 왕초는 아이들을 둘러보며 그린 거북이의 그림을 빼앗았다. 그 모습을 본 개구리는 왕초를 보고 강도라고 했다. 왕초와 개구리가 싸웠는데 개구리는 죽은 것 같다. 난 힘 센 아이를 지지하고 따르는 거북이가 나쁜 것 같다. 그 이유는 총3가지가 이유가 있다.(《개구리》)

얼음거인이 경기도중에 행동은 잘한 행동일까? 얼음거인이 500달러라는 큰돈이 걸린 썰매경기에서 밀린 세금 500달러를 내야하는 '윌리'라는 소년을 도와주었다. 윌리는 할아버지와 함께 감자농장을 하며 행복하게 살았지만 할아버지가 갑자기 몸이 안 좋아지셨다. 그 이유는 할아버지께서 세금을 밀리셨기 때문이다. 윌리는 밀린 세금을 자신이 내기로 했다. 그래서 자신의 개, 번개와 함께 썰매경기에 나갔다. 나는 얼음거인이 경기도중에 한일은 잘하지 못한 일이라고 생각한다.(《조금만, 조금만 더》)

4) 독자를 의식하며 주제와 관련된 화제를 쓰기 시작하는 단계

> 　우리는 착한 일을 하게 되면 칭찬을 받고 나쁜 일을 하면 처벌을 받
> 게 된다. 이렇지 않은 경우도 있지만 대부분의 경우는 그 행동에 걸맞
> 는 보상을 받게 된다. 그렇기 때문에 많은 사람들은 정당한 보답과 대
> 가를 받기 위해서 많은 노력을 한다. 발라당 쿵과 원숭이들은 사람들처
> 럼 정당한 보답과 대가를 받기 위해 열심히 노력했다. 그 노력으로 발
> 라당 쿵과 원숭이들은 멍청씨 부부에게 알맞은 벌을 주었다.《멍청씨 부
> 부 이야기》, 결말에 원숭이들이 멍청씨 부부를 벌 준 것은 잘한 일이다)

5) 화제와 초점, 대주제문으로 서론을 완성하는 단계

> 　요즘은 의학이 매우 발달하여 옛날에는 어림없었던 병을 간단하게
> 뚝딱 고치기도 한다. 그것은 현대의 과학이 발달하였기 때문일 수도 있
> 지만, 의사라면 인체의 구조를 잘 알고 있기 때문일 것이다. 인체에 있
> 는 수많은 장기와 인체 구조를 연구해 그 병에 맞는 약을 개발하거나
> 치료법을 찾아내 의학을 발전시키는 것이 의사와 과학자의 공통 임무
> 이다. 아마도 다빈치도 그런 생각이었을 것이다. 의학을 발전시키기 위
> 해서 해부를 한 것이다. 하지만, 다빈치는 가족들이 알았다면 견딜 수
> 없는 슬픔을 안겨 주었을 죄를 저질렀다. 당연히 여기에서는 다빈치가
> 실수한 것이다.《사라진 모나리자와 다 빈치의 비밀》)

3.
본론 쓰기

Writing Teaching
Point 09

본론은 여러 개의 문단으로 구성된 부분이다. 각각의 문단을 잘 쓰고
알맞게 배열해 흐름이 자연스럽고 논리상의 문제가 없으면 좋은 본론
이다. 무엇보다 중요한 것은 문단의 배열이 자연스러워야 한다는 점
이다. 그리고 각 문단마다 중심 문장과 세부 사항들이 주제와 긴밀하

게 연결돼 있어야 한다. 작은 논증 구조를 갖춘 문단 하나하나가 모여 본론을 이루는데, 그 본론이 더 큰 논증을 잘해내면 아주 좋은 본론이 된다.

본론은 여러 개의 문단으로 구성되며, 완성도 높은 문단을 세 개 정도 배열하면 본론이 완성된다.

문단을 잘 전개하면 글의 완성도가 높아진다. 물론 한 문단을 일관성 있는 생각으로 채우는 게 그리 쉬운 일은 아니다. 아이들의 글 발달 순서를 보아도 문단 자체를 의식하지 못하는 단계로 시작해 불완전하게나마 문단을 의식하는 단계로 나아간다. 이어 논증적 글쓰기의 필수요소인 반론이 등장하는데, 대체로 처음에는 형식적인 반론이다. 그러다가 차츰 반론에 주의를 기울이면서 좋은 문단을 구성한다.

1) 문단이 없는 글

저는 미희가 전학을 가는 것에 반대합니다. 여러 가지 이유가 있지만 가장 큰 이유는 미희가 가는 학교에서도 미희가 다른 아이들을 왕따를 시킬 수도 있기 때문입니다. 또, 선생님들이 교육을 하는데 방해가 될 수 있기 때문입니다. 다른 학교에서 이런 일이 일어나면 그 학교가 안 좋게 될 수도 있고 그러면 미희 한테도 더 안 좋을 수도 있기 때문에 미희가 다른 학교로 가는 것을 반대합니다. 미희가 잘못을 깨닫지 못하고 다른 학교에서 더 심하게 왕따를 시키면 학부모님 관계도 안 좋게 될 수 있는데 전학을 안가면 그대로는 행동하겠지만 더 심하게는 왕따를 안 시킬 것이기 때문에 전학을 보내는 것에 반대합니다.(《양파의 왕따일기》, 미희를 전학 보내는 것이 낫다)

2) 불완전한 문단

이유 첫 번째 거기에서는 영미를 나쁜사람 도둑으로 아주 많이 싫어하기 때문입니다.

이유 두 번째 밤티마을의 교육 보다는 도시의 환경과, 교육환경이 더 좋기 때문입니다.

이유 세 번째 영미는 아버지 때문에 더욱더 상처를 많이 받기 때문입니다.(《밤티마을 큰돌이네 집》, 영미가 집으로 되돌아온 것은 잘한 일이다)

✎ 이유만 나열하고 뒷받침 문장이 없으면 완전한 문단이라고 할 수 없다.

나는 준모의 사실을 아는 사람이 많이 없어야 한다에 찬성합니다.

그렇지만 준모가 그림을 훔쳤다고 많은 친구들이 알게되어 놀리면 준모는 결국 불행해질 것입니다.

첫번째 이유로는 모든 사람이 다 알면 준모는 놀림을 받을 것입니다.

만약에 준모의 그림을 훔친 사실이 아는 사람에게 밝혀지면 준모는 억울하게 자기가 혼날까봐 무서워서 내것이 아닌 것을 말하지 않은 것입니다. 그러므로, 준모는 이런 아슬아슬한 일이 벌어지지 않도록 그 일을 다시 하지 않을 것입니다.

두번째 이유로는 준모의 그 일이 더 널리 퍼지게 될 것입니다.

한사림이 그 사살을 알면 다른 사람에게 알릴 것입니다. 까먹은 사람들도 또 다른사람에게 들을 것입니다.

그리고, 준모는 결국 불행한 사람이 될 것입니다.

세번째 이유로는 준모외에 다른사람과 준모는 속이 상해서 싸움을 거의 할 것입니다. 그러므로 다른 사람들이 준모가 그림을 훔쳤다고 생각하는 사람은 많이 없어야 합니다.(《그림 도둑 준모》, 준모가 사실을 고백해야 했다)

✎ 표시한 부분을 한 문단으로 써야 하는데, 줄바꾸기를 옳지 않게 했다.

3) 반론의 등장(형식적 반론)

이렇게 한국 문화를 배우게 하는 것이 미국에서 불편하게 할 수 있다. 이렇게 어떻게든 한국 문화를 배우고 나면 한국말도 조금씩 입에 밸 것이다. 그래서 거기서 젓가락을 찾을 수도 있다. 또 안녕을 할 수도 있다. 물론, 안 할 수도 있지만 우리 한국에서 늘 만날 때마다 쓰는 말이니까.

✎ 반론을 의식하고는 있으나 매우 형식적이어서 내용이 없다.

두 번째로, 병의 원인을 알 수 있게 된다. 그렇게 되면 희생자는 줄어들 것이다. 물론 가족의 허락을 받지 못하고 죽은 목숨이 소중하며 법을 어기는 행동이라도, 미래를 위해서 다빈치는 노력한 것이다. 그런 다빈치에게 박수를 쳐주고 싶다(《사라진 모나리자와 다 빈치의 비밀》).

✎ 관련 없는 반론을 쓰고 있다.

4) 관련이 있는 적절한 반론

첫째, 다시 폭력으로 되갚으면 폭력의 강도도 심해지게 된다. 피해자가 다시 폭력을 쓴다면 가해자도 다시 폭력을 쓸 것이 뻔하다. 그렇게 계속 폭력을 쓰면 서로간의 사이가 멀어지게 된다. 그렇게 되면 친구가 1명 없어지는 것이다. 물론, 모든 아이들이 폭력을 폭력으로 되갚는 것은 아닐 것이다. 하지만 우리반에서도 이럴 경우에는 똑같이 되갚아주는 아이들이 훨씬 더 많다.

✎ 근거에 대응하는 적절한 반론을 들어서 문단의 완성도를 높이고 있다.

5) 완성도가 높은 문단

수일이는 가짜 수일이에 의해 고생을 많이했다. 집에서 쫓겨나간 판에 가짜 수일이의 꾀에 의해 쥐까지 되어 버렸다. 그런데 이런 불행한 일을 겪어야 되게 한 원인이 무엇이까? 바로 수일이다. 가짜 수일이는 진짜 수일이에서 비롯된 것이다. 흔히 사람들은 불행한 것을 겪었을 때 다 남 탓을 한다. 가끔 '나'는 아무 자못 없는데 불행한 일이 생긴것도 있지만 흔히 자신이 일으킨 일 가지고 남을 탓할 때가 많다. 그래서 어떤 일을 할 때에는 나의 행동에 의해 어떤 일이 일어날지 생가개야하고 어떤 불행한 일이 일어났을 때에는 내가 일으킨 일인지도 살펴 봐야 한다. 물론 수일이의 엄마가 지나치게 수일이를 성적으로 압박해서 수일이가 이런 짓까지 했다고 말할 사람도 있을 것이다. 그렇지만 엄마는 단지 수일이를 위해서 그런 것이다. 엄마가 잔소리한다고 누구나 가짜를 만들지는 않는다. 이것은 누가 뭐래도 수일이의 잘못이다.(《수일이와 수일이》, 수일이가 가짜 수일이를 만든 것은 엄마 때문이다)

✎ 근거와 뒷받침 설명, 그리고 반론과 반론 꺾기를 모두 포함한 좋은 문단이다.

---

4. 결론 쓰기

결론은 마지막으로 글을 종합 정리하면서 끝내는 부분이므로 본론에서 논의한 주장과 핵심 논거를 잘 요약해야 한다. 요약할 때는 본론과 다른 방식을 사용해 자신의 주장을 다시 한 번 강조하는 것이 좋다. 아이들이 결론에서 자주 저지르는 실수 중 하나는 본론에서 사용한 근거를 그대로 결론에 다시 쓰는 것이다. 그러면 글이 재미가 없다.

글을 쓸 때는 결론까지 뒷심을 발휘해야 한다. 할 말을 다했다는 생각에 성급히 결론을 내려 한다는 인상을 주면 곤란하므로 집중력을 잃지 않고 마지막까지 자기 글에 책임을 지는 자세를 가르칠 필요가 있다.

아래의 예는 미숙한 결론부터 제법 잘 쓴 결론까지 순서대로 나열한 것이다.

1) 단순한 요약으로 끝내기

> 나는 위에 쓴 여러 가지 이유로 그레인저 선생님이 아이들을 말린 것은 좋은 태도라고 생각한다.(《프린들 주세요》)

> 나는 선생님이 아이들의 창의성을 키워주지 못함 점.속마음을 드러내지 않아 닉의 마음이 불편했던 점. 아이들에게 냉정하게 했던 점 때문에 그레인저 선생님은 잘했다에 반대한다.(《프린들 주세요》)

2) 본론에서 든 근거를 그대로 반복하는 경우

> 나는 강제성. 주연이 때문에 엄마가 학원에 가게 되었다. 엄마와 다정이는이 학원의 결과물이 마음에 들지 않았다는 3가지의 이유를 들어 엄마를 좋은 엄마 학원에 보낸 것은 잘못한 일이라고 주장한다.(《좋은 엄마 학원》, 다정이가 엄마를 좋은 엄마 학원에 보낸 것은 잘못한 일이다)
>
> 본론에서 쓴 문장을 토씨 하나 다르지 않게 반복하면 성의 없는 결론이 된다.

3) 요약에 당부의 말 덧붙이기

> 토토가 전학을 갈 필요는 없다. 토토는 앞으로 더 크게 변할 것이며. 그 사이 아이들과도 많이 친해졌기 때문이다. 게다가 도로 전학을 가면 틀림없이 적응하는 데 어려움을 겪게 될 것이다. 따라서 나는 토토

가 전학가게 놔두면 안 된다고 생각한다. 토토는 실제로 존재하지는 않는다. 공룡은 이미 멸종한지 오래다. 하지만 아직도 우리 주변에는 토토처럼 힘들고 어려운 상황을 겪는 친구들이 있다. 조금 다르다는 이유만으로 더럽고, 무식하고, 이상하고, 나쁘다고 오해를 받는다. 그런 친구들은 쉽게 찾을 수 있다. 하지만 걱정만 하고 앉아 있을 필요는 없다. 자신이 마루가 되어 우리 주변의 토토를 돕는 것이다. 어려운 친구 마음속의 토토가 싱글벙글 웃을 때까지 말이다.(《어느 날 우리반에 공룡이 전학왔다》, 토로가 다시 전학을 갈 필요는 없다)

✏️ 본론에서 말한 내용을 다시 정리하여 덧붙이고 있다. 그런 다음 다른 사람들에게 당부의 말을 건네며 결론을 깔끔하게 마무리했다.

4) 책에 대한 평가와 추천의 말로 끝내기

나는 이 책이 아이들의 마음을 잘 이해해 주고, 희망과 자신감, 그리고 행복을 얻는 방법을 잘 말해 주는 책인 것 같다. 이 책을 한국의 '다른 지우들'에게 추천해 주고 싶다. 그러면 그 어린이들도 희망과 자신감, 행복을 얻게 될 것이다. 한국 어린이들의 마음속을 빨간 꽃의 향기로 채우고 싶다.

5) 다짐으로 끝내기

이 책을 읽는 시간은 한글의 가치를 알았고 반성도 많이 하게 되는 시간이었다. 이 책을 가슴속에 항상 가지고 있을 것이다. 세종대왕의 백성 사랑, 의지를 마음속에 새겨두고 바른말을 쓰는 자기의 작은 행동 하나로 한글이 전세계에 알려지는 그 날까지, 세종대왕이 아름다운 말을 쓰는 우리의 행동 하나하나에 기쁘고 보람을 느낄 그 날까지, 항상

잊지 않을 것이다.(《초정리 편지》)

6) 인용으로 끝내기

'생명이야. 움직이고 자라고 변화하고. 한순간도 똑같지 않은 것이
지. 매일 아침 바라보는 이 호수의 물도 똑같아 보이지만 실은 같은 게
아니란다. 이 물은 밤새도록 움직이고 있어.' 이 말은 이 책의 맨 앞에
쓰여진 글귀이다. 이 글귀를 통해서 다시 한 번 진정한 축복은 매일 일
상이 같아 보이지만 열심히 하루하루 다른 나를 위해 열심히 움직이는
삶을 살아가는 것 같다.(《트리갭의 샘물》)

CHAPTER

5

표현력

1.
문장 구성력

Writing Teaching
Point 11

똑같은 내용을 담은 문장도 상당히 다르게 표현할 수 있다. 문장을 표현하는 형식도 여러 가지로 다양하다. 아래의 글을 읽으면 문장을 다양하게 쓰면서 글을 읽는 맛을 높이고 있다.

> 전에도 충분히 느꼈지만 이 기억과 행복에 대해 김숙이 생각을 해보면서 지금 이 순간 다시 한 번 기억이 얼마나 소중한지 느끼고 있다. '지금 내가 생각하는 것도 다 나중에는 좋은 기억이 되겠지?' 하면서 말이다. 다른 사람들보다도 더 기억을 통해, 추억을 통해 위로받고 즐거워하는 편이라 정말 기억이 없으면 인간은 절대로 행복할 수 없을 것이라고 생각한다. 기억이 있어도 불행했으면 불행했지. 절대 기억이 없는 사람이 행복할 순 없을 것이다.(《기억 전달자》)

> 의사소통에서 가장 평범하게 많이 사용되는 것은 무엇일까? 바로 말이다. 사람들은 언어를 이용해 자신의 생각을 드러내고, 소통한다. 그러니까 한마디로 말을 안 하는 것은 아주 답답하고 짜증이 날 것이다.(《말 안 하기 게임》)

2. 어휘력

어휘는 쓴 사람의 사고력과 표현력을 잘 드러내 보여준다. 지식이 담기지 않은 글은 평범한 느낌을 준다. 읽는 사람의 관심을 끌기 어렵다. 일상어 수준의 어휘만으로 글을 쓰면 특별한 느낌을 주지 못하기 때문이다. 수준 높은 어휘와 지식이 담긴 내용이 적절히 녹아들어 가야 글의 무게감이 살아난다. 수준 높은 글을 쓰고자 한다면 평소 책을 많이 읽어서 탄탄한 어휘력을 갖춰놓아야 한다. 또한 정확한 의미를 담고 있으면서도 창의적인 어휘를 사용해 글을 쓰려고 노력해야 한다.

3. 맞춤법

지금까지 말한 것을 잘하는 아이들이라면 맞춤법도 잘 알고 사용할 가능성이 높다. 표현력이 좋은데 띄어쓰기나 표준어 규정 또는 한글 철자 쓰기에 미숙한 경우는 많지 않기 때문이다. 글은 소통이다. 따라서 읽는 사람을 의식하여 그들이 불편하게 느끼지 않도록 맞춤법에 신경 쓰면서 글을 써야 한다는 점을 가르쳐야 한다.

CHAPTER

6

글의 발달 순서와 지도법

다음은 거닝Thomas G. Gunning의 쓰기 능력 발달 단계(《아이들과 함께하는 독서와 글쓰기 교육》, 이재승 편저, 박이정, p.258 재인용)를 참고하여 아이들의 논술 실력을 발달 단계별로 재구성한 것이다. 각 단계별로 아이들이 실제로 쓴 글을 살펴보면서 지도 방법을 찾아보자.

1.
발생기
the emerging writer

(1) 이 단계의 특성

- **내용** 주장하려는 내용이 무엇인지 선명하지 않다.
- **조직** 글의 조직과 세부 내용에 대한 발달이 거의 보이지 않는다.
- **표현** 겉으로 드러나는 오류가 많아 무슨 내용인지 거의 알기 어렵다.
- **독자에 대한 배려와 과제 의식** 독자나 글을 왜 쓰는지에 대해 거의 의식하지 못한다.

(2) 실제 사례

엉뚱이 소피의 못 말리는 패션

(초등학교 3학년)

소피의 옷차림은 이상하다. 소피는 편지를 받았다. 소피는 이상한 아이.

소피는 나쁜 어린이다. 왜냐면 친구에게 나쁜 영향을 미칠 수 있다. 왜냐면 친구가 놀리고 쳐다 본다. 2. 학교는 사육제 장소가 아니다. 아무 옷 이상 한 것을 입고오기 때문이다. 3은 비정상이다. 왜냐면 소피의 옷 은 이상한 옷이기 때문이다.

✎ 3학년 학생이 처음 쓴 글인데 제 나름대로 힘들여 쓴 글이다. 무엇을 써야 하는지에 대한 감은 있으나 가용어휘력 부족으로 표현이 몹시 서툴다. 글의 조직 구조에도 관심이 없고 쓰기 과제도 인식하지 못하는 단계다. 어휘나 문장에서 오류가 많이 보인다.

(3) 이 단계에서의 지도법

이 단계에서는 일단 자기 생각을 글로 썼다는 점을 칭찬해주면서 글쓰기에 대한 관심을 높여야 한다. 가령 필요 없는 말을 쓰지 않은 것도 칭찬받을 만한 점이다. 시간이 허락한다면 아이에게 글을 쓴 이유를 말로 설명하게 하는 것도 좋다. 아마 말로는 자신이 무엇을 쓰고자 했는지 잘 설명할 것이다. 자신의 말과 글을 비교해서 읽게 하면 글이 얼마나 부족한지 스스로 깨닫는다.

(1) 이 단계의 특성

- **내용** 주장하려는 내용이 어렴풋이 드러난다.
- **조직** 글의 조직에 대해 어느 정도 감을 잡는다.
- **표현** 단순한 단어를 선택하고 문장도 간결체로 쓴다.
- **독자에 대한 배려와 과제 의식** 독자와 쓰기 과제를 약간 의식한다.

(2) 실제 사례

조금만 조금만 더

(초등학교 3학년)

나는 얼음거인이 번개보다 더 훌륭한 삶을 살았다에 찬성한다.

왜냐하면 얼음거인은 윌리가 1등을 해주기 위해 양보를 해줬기 때문이다. 양보는 남을 배려하는 마음이 많은 사람만 할 수 있는 것이다. 만약 마음이 나쁘거나 배려하는 마음이 없으면 양보를 잘 못한다. 따라서 얼음거인은 윌리를 1등해주기 위해 양보를 해주었다.

또 얼음거인은 부족을 위해 경기를 나갔다. 만약 얼음거인이 부족을 위해 경기를 나가지 않았다면 얼음거인의 부족들은 돈이 없어 거지가 되거나, 돈이 없어서 먹을 것을 사지 못해서 굶어 죽었을 것이다. 그래서 나는 얼음거인이 번개보다 훌륭한 삶을 살았다에 찬성한다.

✎ 서론과 결론이 형식적이고 중복된다. 본론과 결론을 구분하지 못한다. 그래도 내용에서 무엇을 주장해야 할지 의식하고 있다. 이유에 대한 세부 내용도 관련된 것으로 채우고 있다. 주장 글의 특성을 이해하고 무엇을 써야 할지 알아가는 단계의 글이다. 책 제목을 자신의 글 제목으로 그대로 사용하고 있다.

(3) 이 단계에서의 지도법

주장 글의 형태를 어렴풋이 이해하고 잘 쓰고자 노력하는 단계다. 하지만 내용을 채우려 해도 머릿속에 들어 있는 정보가 부족하고 표현력도 어설퍼서 마음처럼 되지 않는다고 느낀다. 이 단계에서는 딱히 어떤 부분을 지적하기보다 전체적인 흐름에서 주장하는 내용이 일관성 있게 나타나면 된다고 격려해주는 것이 좋다.

서론과 결론 쓰기에서는 중심 문장 하나만으로는 좋은 글이 되기 어렵다는 점을 이해시킨다. 그런 다음 어린 동생에게 자세하게 설명해준다는 생각으로 글을 조금 길게 써보라고 한다.

3.
초점기
the focusing writer

(1) 이 단계의 특성

- **내용** 다소 불완전하지만 주장하려는 내용이 분명히 드러난다.
- **조직** 부족하지만 자기 나름의 근거를 들려고 한다. 그 근거를 뒷받침하는 세부 내용도 제시하지만 아직은 전체적인 조직 체계 면에서 조금 부족한 편이다.
- **표현** 부족하긴 해도 다양한 단어와 문장 패턴을 이용한다.
- **독자에 대한 배려와 과제 의식** 독자와 쓰기 과제를 어느 정도 의식한다.

(2) 실제 사례

큰돌이는 너무 슬퍼!
《밤티 마을 큰돌이네 집》을 읽고

(초등학교 4학년)

이번 주에는 "밤티 마을 큰돌이네 집" 이라는 책을 읽고 독후감을 써야 한다. 이 책의 줄거리는 밤티 마을이라는 마을에서 큰돌이라는 아이와 영미라는 아이의 가족이 있는데, 영미가 나중에 다른 부자 가족한테 가서 큰돌이가 계속 슬퍼했는데 마지막에 다시 영미가 큰돌이네 가족으로 되돌아오는 이야기이다. 이번 주의 토론 안건은 영미는 입양 간 집에서 살아야 한다 가 주제이다. 그리고 나는 이에 대해 찬성한다.

내가 찬성이라고 생각하는 첫 번째 이유는 도시에서 살면 풍족한 환경에서 살 수 있기 때문이다. 시골은 가난하고 별로 좋지 않기 때문에 도시에서 살면 영미의 새 가족이 부자라서 먹을 것도 넘쳐나게 사줄 것이다.

두 번째 이유는 교육을 잘 받을 수 있기 때문이다. 영미가 계속 살면 최고급 비싼 유치원과 학교에서 훌륭한 교육을 받을 수 있을 것이다. 영미는 세상 부러울 것이 없을 것이다. 영미는 가장 운이 좋은 아이가 될 수도 있었다.

마지막 이유로 도시는 교통이 편리하기 때문이다. 시골은 고작 버스가 하루에 버스가 한두대 오지만 서울 같은 대도시는 거의 5분에 버스가 오기 때문에 교통은 참 편리하다. 교통이 좋으면 오랫동안 힘들게 기다리지도 않아야 되고, 짜증이 나지 않기 때문이다.

이런 이유 때문에 나는 찬성을 선택했다. 나는 시골에 며칠만 살면 짜증이 나기 때문에 도시에서 살아야 한다.

✎ 서론과 결론이 매우 형식적이다. 어떤 책을 읽고 글을 썼는지 밝히는 것으로 시작하고 있다. 2단계에 비해 글의 분량은 늘어났다. 또 본론을 쓰기 위한 전 단계로 필요한 정보를 서론에 제시하고 있다. 본론의 문단마다 같은 형식으로 시작하고 있다. 설명을 덧붙이고 있다는 점은 발전하고 있음을 보여주는 증거다.

(3) 이 단계에서의 지도법

자기 나름대로 글의 구조를 의식하기 시작하는 단계다. 서론을 어떻게 쓰면 효과적인지 구체적인 방법을 알려주면 좀 더 잘 쓸 수 있다. 본론에서는 설명을 좀 더 충실히 할 것과 반론의 필요성을 알려준다. 미숙한 부분이 많이 있지만 글에 무엇을 담고 어떤 방식으로 전개해야 하는지 스스로 아는 단계다. 자꾸 재촉하고 지적하기보다 격려하면서 기다려주면 좋은 글을 쓰는 기술을 차츰 터득하게 될 것이다.

사실 이 단계에서는 표현을 못한다기보다 사고력이 부족해 더 이상 깊이 있는 생각을 담아내지 못할 가능성이 크다. 그러니 책을 읽히면서 토론도 하고 생각이 자라기를 기다려야 한다.

**4.
실험기**
the experimenting
writer

(1) 이 단계의 특성

- **내용** 주장하려는 내용이 분명히 드러난다. 근거가 분명하나 수준이 낮고 반론도 형식적이다.
- **조직** 시작, 중간, 결말이 분명하긴 해도 간혹 실수가 있다.
- **표현** 다양한 언어와 문장 패턴을 실험적으로 써본다. 단어의 조합과 선택이 참신하다.
- **독자에 대한 배려와 과제 의식** 독자를 어느 정도 생각하고 자기가 왜 글을 쓰는지 알기 시작한다.

(2) 실제 사례

얼음거인이 총을 이용해 사람들을 멈춘 것은 잘한 일이다
'조금만, 조금만 더'를 읽고

(초등학교 4학년)

타당! 총소리가 울렸다. 만약 나였다면 깜짝 놀랐을 것이다. 이 책에서 얼음거인이 총을 이용하여 사람들을 멈춘다. 이것만 보면 위협적이기 때문에 나쁜 것이라고 생각한다. 하지만 사연을 보면 잘한 것인지 못한 것인지 판단할 수 있다. 나는 이 사연을 보고 총을 이용해 사람들을 멈춘 것은 잘한 일이라고 생각한다.

첫째! 번개까지 희생했는데 다른 사람이 1등 한다면 1개의 생명이 없어질 뿐만 아니라 세금도 못 갚을 것이다. 그렇게 되면 할아버지는 목숨을 구한다고 해도 또 한번의 죽을 고비를 넘겨야 할 것이다. 하지만 세금을 마련할 방법이 없어서 할아버지께서는 돌아가실 것이고 밭은 없어지고 그러면 2개의 생명이 죽고 밭은 밭대로 없어질 것이다. 그럼 윌리는 외로울 것이고 점차 윌리는 쓸쓸하게 살 것이다.

둘째! 개썰매 대회이기 때문에 심판이 있었더라도 참가한 개가 죽었기 때문에 어차피 멈추게 해야 한다. 개썰매 대회이다. 그런데 개가 죽으면 그냥 썰매 대회일 것이다. 물론 스포츠 정신에 어긋나거나 정정당당하게 해야 하기 때문에 진행할 수 있지만 목숨이 없어지면서까지 진행하는 것은 잘못된 것이라고생각한다.

셋째! 많은 사람들이 기대를 하고 있다. 스미스 선생님. 주정꾼 더스티. 관리인 클리포드 스나이더. 윌리엄스 선생님. 은행장 포스터씨. 우체국의 행크까지! 이렇게 많은 사람의 기대 속에서 졌다면 얼마나 부끄럽고 창피했을 것인가? 물론 얼음거인 또한 자기 족들에게 미안해 할 수 있지만 다음 기회가 있다. 하지만 윌리에게는 이것이 마지막 기회다.

무서운 총! 이것을 이용해 사람들을 강제로 멈추게 한 것은 잘못한 일이지만 1개의 생명 희생과 세금을 걸고 개썰매 대회인데다가 많은 사람들의 기대 때문에 잘한 일이라고 생각한다.

✎ 서론을 재미있게 쓰려고 노력하고 있다. 창의적이진 않지만 그래도 다른 이야기를 먼저 시작해 미끼를 던져야 한다는 것을 의식하고 있다. 반론도 불완전하지만 등장하고 있다.

(3) 이 단계에서의 지도법

이 단계에 이르면 글쓰기의 기초를 배운 셈이다. 자신이 글을 쓰는 목적도 알고 어떻게 써야 하는지도 머리로는 잘 알고 있기 때문이다. 다만 아직 연습이 부족해 글을 매끄럽게 만들지 못하고 있을 뿐이다. 무엇보다 첫째, 둘째, 셋째 같은 상투적인 표지어로 글을 시작하는 것에서 한 걸음 나아가 다양한 방법으로 문단을 전개하려는 시도를 한다. 계속 좋은 책을 읽히고 그 안에서 생각할 거리를 찾아 토론하며 생각을 키우도록 해야 한다. 더불어 글 쓰는 연습을 계속하면 점점 좋은 글을 쓸 수 있다.

5.
참여기
the engaging writer

(1) 이 단계의 특성

- **내용** 주장하려는 내용이 분명하고 전체적으로 일관성이 있다. 근거가 확실하며 반론에 대비하지만 충분치 못하다.
- **조직** 시작, 중간, 결말이 분명하고 조직 체계가 치밀하다.
- **표현** 다양한 언어와 문장 패턴을 사용한다. 어휘력과 문장 구성력이 좋다.
- **독자에 대한 배려와 과제 의식** 독자를 충분히 고려하며 글을 쓴다.

(2) 실제 사례

창조적인 놀이인 말 안 하기 게임
'말 안 하기 게임'을 읽고

(초등학교 4학년)

우리는 생활하면서 말을 필요로 한다. 친구와 대화할 때, 선생님께 질문할 때, 가족과 대화할 때 등 언제나 말을 한다. 이와 같이 말은 남들과 소통하고 새로운 깨달음도 주고 자기 의견을 이야기 할 수 있게 해주는 것이다. 하지만 이처럼 소중한 말을 안 한다면 어떻게 될까? 과연 심각한 문제가 생길까? 레이크턴 초등학교에 다니는 5학년 왕수다쟁이들은 말을 멈추었다. 그렇다고 수업에 큰 지장은 주지 않았다. 그렇기에 이 말 안 하기 게임을 당장 멈출 필요는 없다 생각한다.

첫째, 아이들은 더 많은 것을 생각하게 되었다. 게임 규칙을 지키기 위해 3마디 대답을 생각하며, 친구와 소통할 수 있는 다른 방법, 말 외에 다르게 의사표현을 할 수 있는 방법을 고민하면서 생각의 폭이 넓어졌다. 또한 협동하는 법도 배웠다. 물론 이 게임 자체가 여자와 남자와의 대결이라 협동하는 법을 못 배웠다고 생각할 수 있다. 하지만 나중에 교장 선생님이 게임을 멈추라고 할 때 계속 게임을 이어나가기 위해 힘을 합쳐 선생님들의 억압에 맞서고 서로를 도왔다.

둘째, 아이들은 자제하는 법을 배웠다. 그 전에는 수업시간에도 시끄럽게 수업과 관계없는 이야기를 했다. 하지만 말 안 하기 게임을 하면서 필요 없는 이야기도 안 하게 되고 수업에 더 집중할 수 있게 되었다. 질문도 아무 때나 못하고 필요한 말도 마음대로 못하니 참된 자제력이 아닐 수는 있다. 하지만 자신이 하려는 말을 짧고 간단하게 요점만 말해 수업에 진지하게 참여할 수 있으니 좋은 것이다. 또 수업을 할 때 딴 길로 새지 않아 선생님들이 우려하던 느려지는 진도에 대한 걱정의 정반대로 진도가 더 빨라질 수 있다.

셋째, 이 게임은 오래 가지 않을 것이다. 말 안 하기 게임은 단 이틀

동안 이루어지는 게임 이였다. 하지만 교장 선생님은 그것을 기다리지 못하고 말 안 하기 게임을 중단시키려 했다. 곧 5학년 아이들은 게임이 끝나는 순간 다시 수다쟁이가 될 것이다. 또한 옛날에는 조용해 달라고 혼냈으면서 지금 와서 다시 떠들라고 말하는 것은 너무나도 어리석은 행동이다. 물론 게임의 여파에서 못 빠져 나온다고 생각 할 수 있지만 설마 언제나 할 말 많은 5학년 아이들이 말 안하기 게임을 계속할리는 없다고 생각한다.

책을 읽으며 미국이여서인지 아니면 레이크턴 초등학교 5학년생이 여서인지는 모르겠지만 선생님과 맞서 대답하는 것이 용감해 보였다. 우리도 쿠티가 있기에 공감도 되고 마디 수를 세는 것도 책을 더 흥미 롭게 해 주었다. 앞으로 학생들이 학교를 더 사랑하고 존중하는 마음가 짐을 가지고 다녔으면 좋겠다. 또 학교를 중요시 여기며 질서를 지키고 친구들을 이해하고 배려했으면 좋겠다.

✎ 서론의 도입부를 잘 시작하고 있다. 본론의 세 문단을 모두 이유와 설명, 반론 꺾기의 구조로 구성했다. 다만 반론 내용이 각 중심 주장과 직접적으로 연결되지 않는 점은 약간 아쉽다.

(3) 이 단계의 지도법

이 단계에 이르면 이제 글쓰기는 거의 완성 단계라고 봐도 무방하다. 한마디로 타고난 소질이 없어도 노력하면 도달할 수 있는 단계다. 또한 논증 글의 성격을 분명히 이해하고 처음부터 결론까지 일관성 있게 글을 쓰면서 주장을 입증하려 노력하는 단계다. 다양한 책을 읽고 여러 안건을 찾아 토론하면서 생각의 폭을 넓히면 좀 더 깊이 있는 글을 쓸 수 있으므로 그런 기회를 제공해야 한다.

(1) 이 단계의 특성

- **내용** 주장하려는 내용이 선명하고 통일성이 있다.
- **조직** 근거를 분명히 들고 있으며, 반론에도 효과적으로 대비하고 있다.
- **표현** 창의적이고 기발한 단어나 문장을 사용한다.
- **독자에 대한 배려와 과제 의식** 필자의 목적과 독자의 흥미를 고려해 융통성 있게 내용을 조직한다. 독자의 흥미와 관심을 계속해서 고려하며 글을 쓴다.

(2) 실제 사례

어린이 친구들에게
'트럼펫 부는 백조 루이'를 읽고

(초등학교 4학년)

안녕! 나는 백조 루이야. 나는 글을 쓸 줄 알고 트럼펫도 불 줄 아는 백조야. 아마도 사람들이 나를 신기하게 생각하는 이유는 그 때문일 거야. 관심을 받아서 좋겠다고 생각하는 친구들도 있지만 관심을 받는다는 것은 어떨 때는 힘들기도 해. 그리고 내가 이렇게 되기까지는 수많은 어려움이 있었어.

나는 태어날 때부터 소리를 내지 못했어. 그래서 사랑하는 가족과도 즐겁게 이야기할 수 없었고, 물장난할 때 신나게 소리지르지도 못했어. 그러면 기쁨도 반으로 줄어들었지. 그래서 이야기하기 위해 학교에 가서 글을 배웠어. 하지만 부모님과 내 사랑 세레나는 글을 읽을 줄 몰라서 내가 하는 말을 알아들을 수 없었어. 특히 내가 사랑한다고 칠판에 써도 '뿌-움 뿜뿜 사랑해요' 라고 말할 수 없는 백조에게는 관심이 없없는지 세레나는 가 버렸어. 그래서 아빠가 트럼펫을 훔쳐 오신 거야. 나는 트럼펫을 훔쳐 온 빚을 갚기 위해 일을 하기 시작했어. 일하면서 힘든 부분도 있었지만 결국 빚을 갚을 수 있게 되었어. 그리고 내 트럼펫 소리를 듣고 나를 좋아하게 된 세레나를 짝으로 맞아 행복하게 살고 있지.

원래 악기점의 피해액은 900달러였지만 나는 악기점 주인에게 내가 가진 4,420달러 78센트를 모두 주었어. 이에 대해서 아깝다고 생각하는 사람들도 있고. 언젠가 다시 필요할지도 모르는데 왜 돈을 다 줘 버렸냐고 말하는 사람들도 있어. 하지만 나는 새이기 때문에 돈을 쓸 일이 별로 없어. 돈은 빚을 갚고 아빠의 걱정을 덜어 드리기 위해 번 거야. 그리고 돈은 내가 비행할 때나 걸어다닐 때 짐이 돼. 그동안 트럼펫, 칠판, 메달, 그리고 돈주머니를 목에 걸고 날다 보니 물건들이 서로 부딪혀서 날 때 불편하고 몸이 무겁게 돼. 이제 나는 돈이 없어도 사랑하는 세레나와 귀여운 아이들이 있어서 행복해.

나는 어릴 때 나에게 언어 장애가 있다는 말을 듣고 속상하고 충격을 받았어. 자라서도 가족들과 이야기를 할 수 없었지. 지금까지도 나는 단 한 마디라도 엄마나 아빠와 이야기를 나눠본 적이 없어. 귀여운 내 아들딸들의 이름을 한 번도 불러볼 수 없어. 하지만 트럼펫으로 그 장애를 극복할 수 있어서 좋았어. 내가 말할 수 있었다면 해보지 못했을 것을 경험해 보았어. 예를 들어 내가 일자리를 얻은 경험은 트럼펫이 없었으면 못 했을 것이고. 트럼펫을 갖는 경험은 소리를 낼 수 있었으면 못 했을 거야. 그래서 불편하지만 한편으로는 내 언어장애를 감사하게 생각하고 있어.

너희들도 다 어려운 일은 있을 거야. 그 때마다 그 일의 좋은 점을 생각하고 해결할 방법을 찾아서 열심히 해나가자. 나도 지금 아이들을 튼튼하고 멋진 백조로 키우기 위해 노력하고 있는 중이야. 아이들을 키우는 것은 트럼펫을 부는 것만큼. 아니 그것보다 더 힘들지만 그것을 통해서 부모의 역할과 교육이란 무엇인지를 깨닫고 있어. 부-움 뿜뿜 여러분 안녕!

몬태나 주 붉은바위호수에서 백조 루이가

✎ 형식을 다양하게 하면서 자기 할 말을 글에 모두 담은 창의적인 글이다. 편지 형식을 빌렸지만 책의 주제와 자신의 감상을 잘 표현하고 있다. 자신이 정말로 하고 싶은 이야기를 창의적으로 잘 담아내고 있다.

(3) 이 단계에서의 지도법

매우 우수하고 좋은 글을 쓰는 단계다. 이 단계에서는 좀 더 독창적인 근거를 찾아 논증에 충실한 글을 쓰도록 지도해야 한다. 단순하게 하고 싶은 말을 글로 옮겨 놓는 것이 아니라 뭔가 자신만의 색깔이 드러나는 내용으로 채우면 더 좋은 글이 된다. 형식도 편지나 소감문, 일기, 신문기사, 칼럼, 극본, 이야기 등 모든 형태로 써보는 것이 좋다. 특히 근거를 들어 설명할 때 논증이 적절한지에 유의하며 강한 주장을 담은 글을 쓰도록 지도한다.

부록 A.

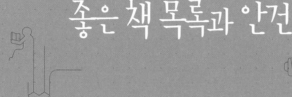
토론을 위한
좋은 책 목록과 안건

실제로 토론을 해볼 수 있도록 40권에서 뽑은 안건들을 제시했습니다. 아이들의 독서 경험과 독서력에 따라 다를 수 있겠지만 비교적 앞부분의 책들은 3학년부터 시작해볼 수 있을 것입니다. 뒷부분의 책은 중학교 학생들에게 초점을 맞추었습니다. 아이들의 관심도에 따라 적당한 책을 골라 실제로 토론해보면 내용에 대한 이해도 높이고 토론 실력도 높일 수 있습니다.

01 《엉뚱이 소피의 못 말리는 패션》 수지 모건스턴 지음, 최윤정 옮김, 비룡소 펴냄

소피는 전학을 시켜야 한다.
소피는 앞으로는 계속 얌전한 옷을 입을 것이다.
부모님이 소피의 편을 들어준 것은 옳은 일이다.
소피는 친구들에게 좋은 영향을 미친 것이다.
학생들이 자신의 옷차림에 신경을 쓰는 것이 좋다.

02 《가짜 독서왕》 김현태 지음, 배종숙 그림, 아이앤북 펴냄

선생님이 게임기를 상품으로 내건 것은 잘한 일이다.
진우의 책임이 가장 크다.
독서퀴즈 대회가 없었어도 진우는 잘못을 고백했을 것이다.
삼총사는 그 나름대로 우정을 나눈 것이다.
진우는 착한 아이다.

03 《멍청씨 부부 이야기》 로알드 달 지음, 지혜연 옮김, 시공주니어 펴냄

멍청씨 부부는 이혼해야 한다.
멍청씨 부부는 원숭이들을 모두 풀어줘야 한다.
멍청씨가 부인보다 더 나쁘다.
멍청씨 부부에게 아이가 있었다면 착하게 살았을 것이다.
멍청씨 부부가 사라지게 한 결말은 좋은 것이다.

04 《내 동생 아영이》 김중미 지음, 창비 펴냄

엄마가 학교에 왔을 때 영욱이가 한 행동은 이해가 간다.
아영이는 일반학급에서 학교 생활을 해야 한다.
아영이를 학교에 보내야 한다.
영욱이는 아영이를 학교에 보내라고 결정했을 것이다.
아영이를 창피해 하는 영욱이를 이해해야 한다.

05 《프린들 주세요》 앤드루 클레먼츠 지음, 햇살과나무꾼 옮김, 사계절 펴냄

'프린들'이라는 말은 사용하지 말아야 한다.
그레인저 선생님은 처음부터 닉을 응원해야 했다.
닉은 좋은 학생이다.
교장선생님은 좋은 학교를 만들기 위해 닉의 부모님을 찾아갔다.
아이들은 사전에 나온 낱말을 우선적으로 배워야 한다.

06 《밤티 마을 큰돌이네 집》 이금이 지음, 푸른책들 펴냄

　　새엄마가 영미를 밤티 마을로 돌려보낸 것은 잘한 일이다.
　　영미를 입양 보낸 가족들이 이해가 간다.
　　쑥골 할머니가 대석이네 일에 참견하는 것은 고마운 일이다.
　　대석이 아빠가 새엄마를 맞이한 것은 좋은 일이다.
　　영미는 불쌍한 아이다.

07 《조커, 학교 가기 싫을 때 쓰는 카드》 수지 모건스턴 지음, 김예령 옮김, 문학과지성사 펴냄

　　교장선생님은 훌륭한 분이다.
　　매주 한 번씩 밖으로 나가는 수업은 좋다.
　　노엘 선생님이 조커 카드를 나눠주신 것은 잘한 일이다.
　　교장선생님이 노엘 선생님을 은퇴시킨 것은 할 일을 한 것이다.
　　노엘 선생님과 교장선생님은 앞으로 친해질 것이다.

08 《고래 벽화》 김해원 지음, 바람의아이들 펴냄

　　아이들이 처음에 사실을 말하지 못한 것을 이해해줘야 한다.
　　교장선생님의 벌은 적절하다.
　　일이 이렇게 커지게 한 것은 어른들 책임이다.
　　만약 보상금을 받게 되었다면 동기네가 두 배로 받는 것이 맞다.
　　문화재를 발견해서 신고하면 보상금을 주는 것이 맞다.

09 《일기 감추는 날》 황선미 지음, 웅진주니어 펴냄

　　엄마가 일기를 훔쳐보는 것은 이해가 간다.
　　일기 검사는 필요하다.
　　친구의 잘못을 일기에 쓰는 것은 고자질이다.
　　선생님이 친구 잘못을 일기에 쓴 친구를 야단치는 것은 옳다.
　　일기에 부끄러운 것을 쓰지 말라는 엄마의 말을 존중해야 한다.

10 《조금만, 조금만 더》 존 레이놀즈 가디너 지음, 김경연 옮김, 시공주니어 펴냄

　　윌리가 자신이 대학에 갈 돈으로 대회 참가비를 낸 것은 잘한 일이다.
　　얼음 거인이 총으로 사람들을 멈추게 한 것은 잘한 일이다.
　　얼음 거인은 좋은 사람이다.
　　스나이더는 자기 일을 훌륭하게 해내는 사람이다.
　　번개가 죽은 것은 결국 윌리의 책임이다.

11 《그림 도둑 준모》 오승희 지음, 낮은산 펴냄

진구는 좋은 친구다.
예린이가 그림을 그리는 방식은 좋은 것이다.
엄마들이 자녀가 상을 탔다고 자랑하는 것은 좋은 일이다.
준모가 예린이의 그림을 훔친 것으로 보아야 한다.
상장을 받아야 한다고 말한 엄마가 준모를 도둑이 되게 한 것이다.

12 《정의롭다는 것 우리 반 블랙리스트》 길도형 지음, 장수하늘소 펴냄

칭찬스티커를 사용하는 것은 좋은 교육 방식이다.
학생들에게 일제고사를 시행할지에 대한 판단을 맡겨야 한다.
정선카지노는 만들기를 잘했다.
판사가 할머니를 유죄판결한 것은 잘한 일이다.
일제고사는 계속 시행되어야 한다.

13 《달려라 루디》 우베 팀 지음, 김경연 옮김, 창비 펴냄

돼지를 도시에 데려온 것은 잘한 일이다.
이 가족들은 루디에게 감사해야 한다.
집 주인의 태도는 이해가 간다.
아빠는 나중에 원하는 곳에 취직을 하게 될 것이다.
모리츠가 꿀꿀 소리를 내서 물귀신을 방해한 것은 잘한 일이다.

14 《바다로 가는 은빛 그물》 황선미 지음, 시공주니어 펴냄

아버지가 명하에게 그물을 만들어준 것은 잘한 일이다.
방조제를 만드는 것이 낫다.
명하가 귀영이를 때린 것은 어쩔 수 없는 일이다.
'길 마트' 아저씨가 아이들에게서 실뱀장어를 사들이는 것은 옳지 않다.
귀영이가 형들과만 놀려고 하는 것을 이해해주어야 한다.

15 《별 볼 일 없는 4학년》 주디 블룸 지음, 윤여숙 옮김, 창비 펴냄

퍼지를 찾기 위해 영화 상영을 중지한 것은 잘한 일이다.
아빠가 야비 씨 부부를 집으로 오게 한 것은 잘한 일이다.
부모님이 피터를 이용해 퍼지가 말을 듣도록 하는 것은 옳은 일이다.
지미 파고의 부모님이 생일파티 선물로 거북을 준 것은 잘한 일이다.
쉴라는 모둠 아이들에게 도움이 되는 역할을 했다.

16 《어느 날 우리 반에 공룡이 전학 왔다》 서지원 지음, 길벗스쿨 펴냄

토토를 다음 학기 반장으로 추천해야 한다.

이 학급은 토토가 전학 온 이후 더 좋아졌다.

토토는 전학 오기를 참 잘했다.

토토가 복동이보다 행복한 아이다.

학교는 다문화가정 아이들을 위해 이중 언어 교육을 해야 한다.

17 《개구리 선생님의 비밀》 파울 판 론 지음, 현미정 옮김, 푸른나무 펴냄

개구리 선생님이 아이들에게 비밀을 말한 것은 잘한 일이다.

이 학교는 좋은 학교다.

교장선생님을 동물보호소로 보낸 것은 잘한 일이다.

학교에는 벌점제도가 있어야 한다.

아이들이 부모님께 프란스 선생님의 비밀을 숨긴 것은 잘한 일이다.

18 《양파의 왕따일기》 문선이 지음, 파랑새어린이 펴냄

미희가 나빠진 것은 가정환경 탓이다.

미희를 전학시켜야 한다.

미희보다 반 아이들이 더 나쁘다.

정선이가 전학 간 이유는 '양파' 때문이다.

정화가 아빠 직업을 사실대로 이야기하지 못한 것은 이해가 간다.

19 《잘못 뽑은 반장》 이은재 지음, 주니어김영사 펴냄

이로운이 반장이 된 것은 본인에게 잘된 일이다.

선생님이 제하를 반장 도우미로 임명한 것은 잘한 일이다.

이로운은 좋은 반장이다.

친구들이 이로운을 좋아하지 않는 것은 이해가 된다.

반장은 꼭 필요하다.

20 《말 안 하기 게임》 앤드루 클레먼츠 지음, 이원경 옮김, 비룡소 펴냄

교장선생님이 이 게임을 중지시키려고 한 것은 잘한 일이다.

말 안 하기 게임은 좋은 것이다.

학교 식당에 음료수 자판기를 두어야 한다.

쿠티는 무조건 없어져야 한다.

버튼 선생님은 좋은 선생님이다.

부록 A. 토론을 위한 좋은 책 목록과 안건

21 《어린이를 위한 햄릿》 윌리엄 셰익스피어 원작, 로이스 버뎃 지음, 강현주 옮김, 찰리북 펴냄

 햄릿이 아버지의 복수를 위해 삼촌을 죽인 것은 잘한 일이다.

 거트루드 왕비가 햄릿을 설득한 것은 현명한 태도였다.

 햄릿의 아버지가 유령이 되어 햄릿에게 복수하라고 말한 것은 잘한 일이다.

 클로디우스 왕이 연극을 보고 자백했으면 햄릿은 용서를 했을 것이다.

 햄릿의 잘못이 클로디우스보다 더 크다.

22 《어린이를 위한 맥베스》 윌리엄 셰익스피어 원작, 로이스 버뎃 지음, 강현주 옮김, 찰리북 펴냄

 맥베스의 욕망은 보통 사람들과 거의 같다.

 맥베스보다 부인의 잘못이 더 크다.

 파이프의 성주인 맥더프의 선택은 옳았다.

 모든 일은 마녀들의 책임이다.

 맥베스는 비겁한 사람이다.

23 《성적표》 앤드루 클레먼츠 지음, 홍연미 옮김, 웅진주니어 펴냄

 노라가 0점을 맞은 것은 잘한 일이다.

 노라는 영재학급에 갔어야 한다.

 학생이 나쁜 성적을 받으면 선생님이 책임져야 한다.

 초등학교 성적은 인생에서 중요하다.

 노라가 자기 방식으로 높은 지능을 사용하는 것은 잘하는 것이다.

24 《마틸다》 로알드 달 지음, 김난령 옮김, 시공주니어 펴냄

 사서 선생님이 마틸다에게 어려운 책을 골라준 것은 잘한 일이다.

 이 이야기의 결말은 자연스럽다.

 하니 선생님이 마틸다를 입양한 것은 좋은 일이다.

 부모님에게 마틸다가 한 장난은 지나친 것이다.

 마틸다는 행복한 아이다.

25 《찰리와 초콜릿 공장》 로알드 달 지음, 지혜연 옮김, 시공주니어 펴냄

 윙카 씨가 후계자를 뽑은 방식은 좋은 것이다.

 윙카 씨는 좋은 사람이다.

 탈락한 네 명의 아이들은 부모들이 책임을 져야 한다.

 어른들도 이 책을 좋아할 것이다.

 윙카 씨가 아이들에게 내린 벌은 적절했다.

26 《일기장 통신》 김희숙 지음, 뜨인돌어린이 펴냄

엄마는 언니를 더 사랑하는 것이 맞다.

선생님의 일기장 검사는 필요하다.

나중에는 다인이보다 다미가 더 크게 성공할 것이다.

다미가 따돌림을 당했을 때 엄마에게 말하지 않은 것은 잘한 일이다.

엄마가 허락한 컴퓨터 사용 시간은 적당하다.

27 《이 세상에 태어나길 참 잘했다》 박완서 지음, 어린이작가정신 펴냄

아빠는 복동이 아빠 자격이 없다.

데니스가 복동이를 경계한 것은 이해가 간다.

이모를 거절한 남자를 이해해야 한다.

복동이는 미국에서 계속 살아야 한다.

복동이는 행복한 아이다.

28 《샬롯의 거미줄》 엘윈 브룩스 화이트 지음, 김화곤 옮김, 시공주니어 펴냄

탈출을 스스로 멈춘 윌버는 어리석었다.

다음번에 똑같은 돼지가 태어나면 아빠가 먼저 편에게 가져다줄 것이다.

템플턴도 좋은 친구를 만나면 변할 수 있을 것이다.

가장 좋은 우정은 꼭 서로를 성장시키는 것이다.

초등학교 시절에 좋은 우정을 나누면 인생에서 성공할 가능성이 높다.

29 《초정리 편지》 배유안 지음, 창비 펴냄

임금이 처음부터 장운이에게 자기 신분을 밝혀야 했다.

덕이를 남의 집에 보낸 것은 어쩔 수 없는 선택이었다.

장운이가 약재 영감에게 한 행동은 이해가 간다.

한글을 반대한 양반들의 태도는 이해할 수 있다.

약재 영감이 덕이를 데리고 간 것은 옳은 행동이다.

30 《몽실 언니》 권정생 지음, 창비 펴냄

몽실이 엄마가 김씨 댁으로 간 것은 잘한 일이다.

몽실이는 난남이를 끝까지 키웠어야 한다.

몽실이가 아빠를 모시고 자선병원에 간 것은 잘한 일이다.

정씨 아버지가 새엄마를 데려온 것은 잘한 일이다.

몽실이는 결혼하기를 잘했다.

31 《톰 아저씨의 오두막집》 해리엇 비처 스토 지음, 지경사
　　톰 아저씨는 에밀리와 캐시의 도망 계획을 주인에게 알렸어야 했다.
　　톰 아저씨가 죽으면서 레글리를 용서한 것은 잘한 일이다.
　　엘리자가 도망친 일은 잘한 일이다.
　　톰이 도망치지 않은 것은 잘한 일이다.
　　조지 해리스가 톰 아저씨보다 현명한 사람이다.

32 《우리 엄마는 여자 블랑카》 원유순 지음, 책내음 펴냄
　　리엔이 한국으로 온 것은 잘한 일이다.
　　엄마가 시위에 참가한 것은 잘한 일이다.
　　하나가 처음에 엄마를 무시한 것은 이해가 간다.
　　하나는 불쌍한 아이다.
　　하나 엄마는 베트남으로 돌아가는 것이 낫다

33 《너도 하늘말나리야》 이금이 지음, 푸른책들 펴냄
　　미정이와 미르가 싸울 때 소희가 가만있기를 잘했다.
　　세 사람은 좋은 친구들이다.
　　소희와 바우가 없었다면 미르는 시골 생활에 적응을 하지 못했을 것이다.
　　미르 엄마가 시골로 내려간 것은 좋은 선택이다.
　　초등학교 6학년이 부모의 일에 참견하는 것은 옳은 일이다

34 《클로디아의 비밀》 E. L. 코닉스버그 지음, 햇살과나무꾼 옮김, 비룡소 펴냄
　　프랭크와일러 부인이 아이들에게 비밀을 말해준 것은 잘한 일이다.
　　클로디아의 가출은 의미 있는 일이었다.
　　클로디아가 가출하면서 동생을 데리고 간 것은 잘한 일이다.
　　세상에서 가장 중요한 것이 비밀이라는 프랭크와일러 부인의 말은 맞다.
　　프랭크와일러 부인은 클로디아를 손녀로 받아들였을 것이다.

35 《트리갭의 샘물》 나탈리 배비트 지음, 최순희 옮김, 대교출판 펴냄
　　샘물을 마시지 않은 위니의 선택은 잘한 것이다.
　　숲 속의 샘물을 마셔서 죽지 않는 존재가 되는 것은 축복이다.
　　터크 가족과 포스터 가족은 공통점보다 차이점이 더 많다.
　　터크가 위니에게 삶과 죽음에 대해 설명하기 위해 호수에 간 것은 잘한 일이다.
　　제시의 삶의 태도는 현명하다.

36 《나의 라임 오렌지나무》 J. M. 바스콘셀로스 지음, 박동원 옮김, 동녘 펴냄

제제가 집을 떠나려고 한 것은 이해가 간다.

아리오발도 아저씨와 함께한 경험은 소중한 것이다.

아빠는 제제를 많이 사랑하고 있다.

뽀루뚜까가 제제의 입양 제의를 거절한 것은 잘한 일이다.

선생님은 제제가 꽃을 훔쳐서 가져왔을 때 야단을 쳐야 했다.

37 《헨쇼 선생님께》 비벌리 클리어리 지음, 선우미정 옮김, 보림 펴냄

리가 아빠에게 산적을 준 것은 잘한 일이다.

도시락 도둑에 대해 선생님께 말하지 않은 것은 잘한 일이다.

엄마가 아빠의 재결합 요구를 거절한 것은 잘한 일이다.

엄마가 트럭 때문에 이혼한 것은 이해가 간다.

부모의 이혼으로 리 보츠는 얻은 것이 많다.

38 《마녀를 잡아라》 로알드 달 지음, 지혜연 옮김, 시공주니어 펴냄

할머니가 쥐를 사준 것은 잘한 일이다.

할머니가 주인공을 영국으로 데려간 것은 잘한 일이다.

마녀는 실제로 있을 것이다.

할머니는 처음부터 마녀 이야기를 하지 말아야 했다.

쥐가 된 브루노를 부모님께 보내야 했다.

39 《시간 가게》 이나영 지음, 문학동네어린이 펴냄

윤아가 시간 가게에 갔던 일은 결론적으로 좋은 경험이다.

선행 학습은 법으로 금지해야 한다.

학교에서는 경쟁에서 이기는 법을 가르치는 것이 좋다.

학생들에게는 '수영'이같은 라이벌이 존재하는 것이 좋다.

윤아 엄마가 변한 것은 개인적 가치관보다는 사회적 분위기 영향이 더 크다.

40 《불량한 자전거 여행》 김남중 지음, 창비 펴냄

학원에서 학생 행동에 대해 부모님께 문자를 보내는 것이 좋다.

가정에서 사랑의 매는 허용되어야 한다.

삼촌은 사정을 알았을 때 호진이를 집으로 돌려보내야 했다.

호진이 아빠의 직업관을 인정해줘야 한다.

가족 자전거 여행 이후 호진이네는 행복해질 것이다.

부록 B.

독서토론논술
활동지

실제로 아이들을 지도할 때 기본 프레임이 있으면
편리한 경우가 많이 있습니다. 관련된 내용을 지도
할 때 복사하여 이용하시기 바랍니다.

1. 읽은 책 소개하기

아래 칸을 채운 후 내가 읽은 책을 정리하여 친구들에게 말해주세요.

날짜 :

책 제목 :

지은이·번역자·출판사 :

간단한 줄거리 (6하원칙으로 정리하기)	
이 책을 읽으면서 주로 느낀 감정은?	
이 책이 특별히 좋은 점은?	
좋아하지 않거나 마음에 들지 않는 부분은?	
인상 깊었던 부분과 이유는?	
이 책이 떠오르게 한 다른 책이나 장소, 사람은?	

이 책에 대한 나의 평가 ☆☆☆☆☆

2. 등장인물 분석하기

주인공의 이름을 쓴 후 성격을 분석해보세요

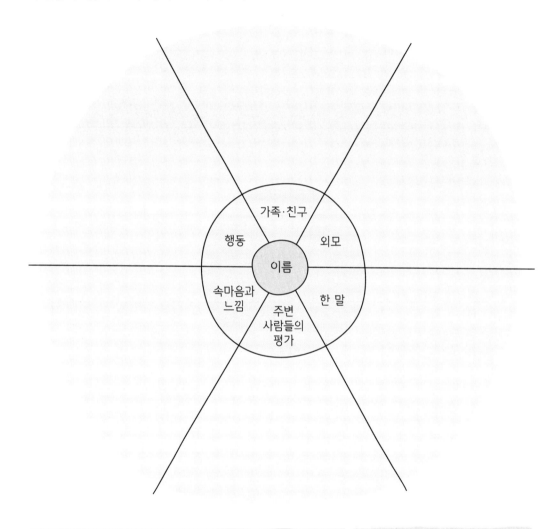

그 인물이 가진 문제는?	
어떻게 해결했나?	
해결 방법에 대한 나의 의견	

• 인물에 대한 나의 평가
  어떤 관계가 되고 싶은가?

3. 이야기 분석하기

이야기를 분석해보세요.

등장인물	배경	주인공의 문제와 해결 방법
• **중요인물(이름)** • 성격	시간	• 문제 1 • 해결 방안
• **중요인물(이름)** • 성격	장소	• 문제 2 • 해결 방안

4. 이야기 지도 (Story Map)

이야기 지도를 완성해보세요.

제목 : _____

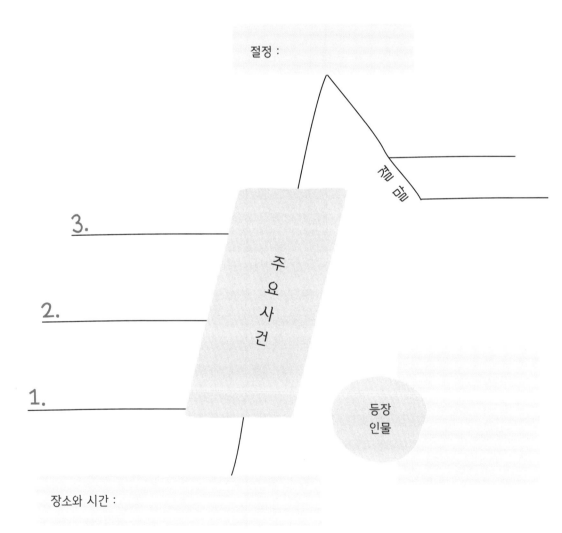

절정 :

결말

3. _____

2. _____

1. _____

주요사건

등장
인물

장소와 시간 :

1 등장인물

중요한 인물과
부가적인 인물 정리

2 배경

이야기가 벌어진
장소와 시간

3 문제와 해결

주인공에게 닥친
문제와 해결법

4 토론 안건

> 토론 안건과
> 자기 주장

5 주제 찾기

> 자기가
> 하고 싶은 이야기는
> 무엇이었을까?

표지

지은이 :

번역자 :

출판사 :

내 이름 :

날짜 :

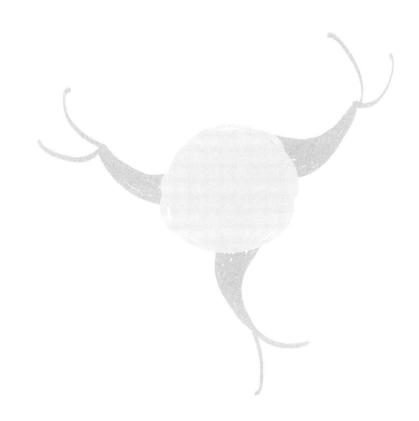

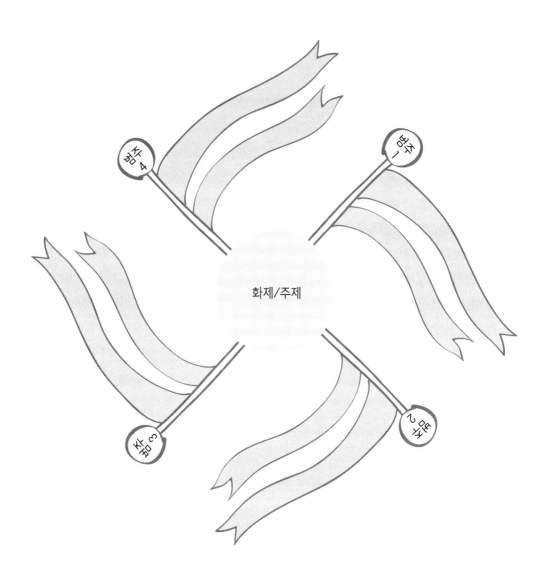

화제/주제

맥주 1

맥주 2

맥주 3

맥주 4

8. 질문 만들기

책 제목 : _____

날짜 : _____

이름 : _____

1수준 질문	뜻: 글 속에 답이 뚜렷하게 나와 있어서 바로 확인할 수 있는 질문
2수준 질문	뜻: 추론을 해서 뜻을 알아내야 답할 수 있는 질문
3수준 질문	뜻: 책을 벗어나 자신의 가치관을 이용해 비판적으로 답해야 하는 질문

• 토론 안건

9. 토론 안건 찾기

아래 세 가지 입장별로 토론 안건을 찾아보세요.

책 제목 : _____   날짜 : _____

관점	안건
주인공 중심	
주변 사람들 중심	
사회 공동체 중심	

• 오늘의 토론 안건

10. 토론 논거 찾기

• 안건

주제(차원)별 관련된 사람들	찬성 / 반대			
	심리	교육	사회/문화	기타 (경제, 철학, 역사 등)

11. 토론 준비표

날짜	
안건	
입장	찬 성 / 반 대

	이유	설명
근 거		

	예상 반론	반론 꺾기
반 론 꺾 기		

12. 토론 흐름도 (Flow Chart)

순서	1	2	3	4	5	6
역할	찬성1(1AC)	반대1(1NC)	찬성2(2AR)	반대2(2NR)	반대3(3NF)	찬성3(3AF)
이름						
토론 내용						
질의 응답						

13. 논증 연습

논증의 의무(Burden of Proof) ; "주장하는 자, 증명하라!"
논증(Proof) = 증거(Evidence) + 정당화(Reasoning)

주장(안건·결론) :

근거 1 (이유·소결론)	
전제	
증거 📌 경험.자료. 매체. 미디어.통계. 선례.징후.사인 등	

근거 2 (이유·소결론)	
전제	
증거 📌 경험.자료. 매체. 미디어.통계. 선례.징후.사인 등	

14. 논증 과정

안건 :

근거(이유) 1

1	**기본 개념·정의** • 뜻·의미는 무엇? • 그 일의 실체는?	
2	**중요성** • 그것은 왜 중요한가? • 많은 사람들이 지지하는 이유는? • 그것을 지키면 누구에게, 어떤 　이익이 있는가?	
3	**증거** • 예, 경험, 인용, 전문가 견해, 　속담 등	
4	**다른 의견(반론)** • 반대하는 사람은 누구? • 반대 이유는?	
5	**반론 꺾기** • 반대 의견은 대세일까? • 반대 의견이 가진 문제점이나 　미처 생각하지 못한 점은? • 반대 의견보다 이익이 되는 점은?	

15. 토론 연습 - 입론

인사 ➡ 입장 ➡ 개념 정리 ➡ 안내 ➡ 근거와 설명 ➡ 마무리

인사
안녕하십니까?
저는 찬성팀의 (　　　　) 번째
토론자 (　　　　)입니다.

입장
저희팀은 안건 '(　　　　　　)'에
대하여 (찬성·반대) 입장을
가지고 있습니다.

개념 정리
우선 토론을 전개하기 전에
안건에 제시된 용어에 대한 개념 정리를
하겠습니다. 우선 (　　　　　)의 정의는
(　　　　　　)입니다.

안내
저희 팀은 안건에 대해
강력하게 찬성합니다.
그 근거를 (　　　　)가지 가지고 있는데,
첫째, (　　　　). 둘째, (　　　　).
셋째, (　　　　)입니다. 지금부터
하나씩 자세히 설명해 드리겠습니다.

근거와 설명
첫째, (　　　　)이기 때문입니다. + 설명
둘째, (　　　　)이기 때문입니다. + 설명
셋째, (　　　　)이기 때문입니다. + 설명

마무리
이와 같은 근거로 저희는
이 안건에 대하여 강력하게 찬성합니다.
경청해주셔서 감사합니다.

16. 토론 연습 – 반론

인사와 예의 ➡ 입장 ➡ 반론 근거 ➡ 반론 이유와 설명 ➡ 마무리 (+ 추가 발언)

인사와 예의
안녕하십니까?
(   )편 (   )번
토론자 (   )입니다.
(   ) 번 토론자의 말씀 잘 들었습니다.
아주 좋은 의견이라고 생각합니다.

입장
하지만 저희 팀은 받아들이기
어렵습니다. 지금부터 그 이유를
설명해드리고자 합니다.

반론 근거1
첫째, (   )라고
말씀하셨습니다.

반론 이유와 설명 1
하지만 그런 면은 사실 별로
중요하지 않다고 생각합니다.

반론 근거2
둘째, (   )라고
말씀하셨습니다.

반론 이유와 설명 2
하지만 그런 설명은
일반적이지 않습니다.

반론 근거3
셋째, (   )라고
말씀하셨습니다.

반론 이유와 설명 3
하지만 보통의 경우에
다르게 생각하는 사람이
많이 있습니다.

마무리
이러한 이유로 저희는
상대 팀의 의견을 수용하기 어렵습니다.
경청해주셔서 감사합니다.

17. 토론 평가표(표준 토론)

일시 :　　　년　　　월　　　일(　　　요일)　　　　～

장소 :

안건 :

항목		찬성 1					반대 1					찬성 2					반대 2					반대 3					찬성3				
개인점수	내용 (내용의 질)	10	20	30	40	50	10	20	30	40	50	10	20	30	40	50	10	20	30	40	50	10	20	30	40	50	10	20	30	40	50
	태도 (자세와 예절)	10	15	20	25	30	10	15	20	25	30	10	15	20	25	30	10	15	20	25	30	10	15	20	25	30	10	15	20	25	30
	방법 (발언 구조)	0	5	10	15	20	0	5	10	15	20	0	5	10	15	20	0	5	10	15	20	0	5	10	15	20	0	5	10	15	20
	합계	/100					/100					/100					/100					/100					/100				
팀	팀워크	찬성팀				/100						반대팀				/100															
	총점	찬성팀				/400						반대팀				/400															

오늘의 승리팀　　☐ 찬성

　　　　　　　　　☐ 반대

심판 :　　　　　　　　　　　　(사인)

18. 토론 평가표 (CEDA 토론)

일시 :　　년　　월　　일(　　요일)　　～

장소 :

안건 :

항목		찬성 1					반대 1					찬성 2					반대 2					반대 3					찬성 3				
개인점수	내용 (내용의 질)	10	20	30	40	50	10	20	30	40	50	10	20	30	40	50	10	20	30	40	50	10	20	30	40	50	10	20	30	40	50
	태도 (자세와 예절)	10	15	20	25	30	10	15	20	25	30	10	15	20	25	30	10	15	20	25	30	10	15	20	25	30	10	15	20	25	30
	방법 (발언 구조)	0	5	10	15	20	0	5	10	15	20	0	5	10	15	20	0	5	10	15	20	0	5	10	15	20	0	5	10	15	20
	질의	2	4	6	8	10	2	4	6	8	10	2	4	6	8	10	2	4	6	8	10										
	응답	2	4	6	8	10	2	4	6	8	10	2	4	6	8	10	2	4	6	8	10										
	합계	/120					/120					/120					/120					/100					/100				
팀	팀워크	찬성팀							/100			반대팀								/100											
	총점	찬성팀							/440			반대팀								/440											

오늘의 승리팀　☐ 찬성

　　　　　　　　☐ 반대

심판 :　　　　　　　　　(사인)

19. 토론 피드백

개 인 평 가	찬성 1번	
	반대 1번	
	찬성 2번	
	반대 2번	
	반대 3번	
	찬성 3번	
팀 평 가		

• 총평

20. 토론대회 입론서

소속	책 제목 : 날짜 : 이름 :	
안건	안건 :	
	선정 이유 :	
입론	**찬성**	**반대**
	논점1 : 근거 :	논점1 : 근거 :
	논점1 : 근거 :	논점1 : 근거 :
	논점1 : 근거 :	논점1 : 근거 :
반론	**찬성 입론에 대한 반론**	**반대 입론에 대한 반론**

21. 글쓰기 개요표

제목 :

책 제목 :

서 론

(1) 화제

(2) 초점

(3) 대주제문

본 론

근거 1 :
뒷받침 내용
근거 2 :
뒷받침 내용
근거 3 :
뒷받침 내용

결 론

22. 독서록 개요표

날짜	
글 제목	
책 제목	

처음 (서문)		1. 이 글을 쓰는 목적 (본론에서 말하고자 하는 내용과 관련된 일반인들의 의견. 글을 쓰는 배경. 현실적 문제 소개 등) 2. 기억에 강하게 남아 있는 문장이나 장면 소개 등
가운데 (본문)		1. 간단한 줄거리 소개 2. 지은이의 주장과 이에 대한 내 생각 – 공감 또는 비판(이유와 설명. 반론과 꺾기) 3. 기억해둘 낱말이나 문장 소개…(*서문에 써도 됨) 4. 글을 읽으면서 새롭게 알 게 된 사실이나 깨우친 점 등
끝 (결문)		1. 본론의 요약 (내용은 같고 표현은 다르게) 2. 사람들에게 부탁하고 싶은 점과 그 후의 결과 전망 3. 이 책을 권하고 싶은 사 람과 권하는 이유 등

23. 나의 독서 점검표

날짜 : _____   이름 : _____

과정	항목	내용	나의 점수 (항목당 3점 만점)
읽기 전	미리 살펴보기	제목, 표지, 목차, 책날개, 추천사 등을 잘 살펴보고 책에 관한 정보를 미리 수집했다.	
	배경지식 점검	내용과 관련된 배경지식을 생각해보고 없으면 찾아서 보충했다.	
	독서 방법 결정하기	문학과 비문학을 구별하여 독서 목적을 결정하고, 자신이 가진 배경지식 정도에 따라 어떤 속도로 읽을 것인지를 미리 결정했다.	
읽는 중	중요 내용 파악하기	중요한 사람이나 장소, 정보 등 중요한 것과 그렇지 않은 내용을 파악하는 데 주의를 기울였다.	
	이미지 떠올리기	책에 나오는 사람이나, 장면, 사건들을 그림으로 떠올리며 읽었다.	
	예측하기	앞으로 벌어질 일과 결말 등을 계속 예측하며 읽었다.	
	의문 품기	책의 내용과 형식 모든 것을 대상으로 지속적으로 의문을 제기하며 읽었다.	
	연결하기	책 내용을 자신의 경험이나 다른 책의 내용 또는 실제 세계와 연결하며 읽었다.	
	이해 점검하기	자신의 읽기를 되돌아보며, 스스로 잘 읽고, 이해하고 있는지 계속 점검하며 읽었다.	
	표시하기	책에 대해 밑줄·접기·하이라이팅·메모 등의 흔적을 남기며 읽었다.	
읽은 후	핵심내용과 요지 파악	줄거리와 주인공, 중요 장소와 정보를 잘 기억한다.	
	주제 파악	저자의 의도를 충분히 파악하고 이해한다.	
	작품의 평가	작품에 대해 나만의 평가를 할 수 있다.	
총점(39점)			

24. 나의 토론 점검표

날짜 :   이름 :

과정	항목	내용	나의 점수 (항목당 3점 만점)
내용 Matter	안건 해석	안건을 정확하게 이해하고 관련된 내용을 주장했다.	
	논점 제시	적절하고 합리적이고 독창적인 논점을 듣기 좋은 순서로 제시했다.	
	뒷받침 설명	이유와 설명의 연결이 바르며 설득력 있게 부연하고 있고, 제시된 정보·예·일화·통계·전문가 의견 등의 증거 능력이 충분했다.	
	반론 꺾기	반론에 적절하고 충분하게 대처했다.	
	제한조건의 고려	예외를 고려하여 부드럽게 말했다.	
	질문	질문의 형식이 정확하고, 핵심을 물었다.	
	응답	질문 의도를 정확하게 파악하고 답변하고, 답변 시간 사용이 적절했다.	
방법 Method	전체 구조	시작과 가운데, 끝의 구별이 분명하고 흐름이 자연스러웠다.	
	시작	전체적인 주제에 대한 안내와 개요를 제시하면서 인상적이면서도 효과적으로 시작했다.	
	마무리	결론을 분명하고 창의적이고 설득적인 방식으로 맺었다.	
태도 Manner	눈 맞춤	모든 청중을 고려한 시선 안배와 눈맞춤을 잘했다.	
	바른 자세	제스처 사용, 얼굴 표정, 자신 있는 자세로 말했다.	
	말	발음을 정확하게 하고 목소리의 크기가 적절하며 듣기 좋은 속도로 말했다.	
총점(39점)			

25. 나의 쓰기 점검표

날짜 :　　　　　　　　　　　　　　　　이름 :

과정	항목	내용	나의 점수 (항목당 3점 만점)
주장	주제	주제를 창의적이고 분명하고 간결하게 잘 드러냈다.	
	근거	창의적이고 적절한 근거를 충분히 들었으며, 근거들을 논리적으로 배열했다.(세 가지 이상)	
	뒷받침	근거를 뒷받침하는 세부 사항들을 다양하고 효과적인 방법을 사용하여 충분히 설명했다.	
	반론	예상되는 반론을 충분하고 성의 있게 드러냈다.	
	반론 꺾기	반론을 적절하고 효과적인 내용과 방법으로 꺾었다.	
	제한조건	예외나 기타 제한조건을 고려하여 부드럽게 썼다.	
조직	전체 구조	제목을 포함하여 처음·가운데·끝이 잘 구조화되어 있고, 글에 일관성과 통일성이 있다.	
	서론	독자의 관심을 고려하여 재미있으면서 관련 있는 화제로 시작하고, 글의 초점과 대주제문이 있다.	
	본론	문단의 배열이 자연스럽고, 모든 세부 사항은 주제와 연결되어 있으며 주장이 분명하게 드러나 있다.	
	결론	본론에서 논의한 핵심 논거를 본론과는 다른 표현 방식을 사용하여 강조하고 기타 효과적인 방법으로 마무리했다.	
표현	문장 구성력	문장 길이와 형태가 다양하고, 문장마다 새로운 생각을 담고 있다.	
	어휘력	낱말 선택이 바르고 신선하며, 유창하고, 상상력이 발휘된 낱말을 사용했다.	
	맞춤법	맞춤법, 띄어쓰기 등이 완벽했다.	
총점(39점)			

대치동 독토쌤은

독서토론논술을
어떻게
가르치는가?

1판 1쇄 발행 2015년 6월 5일
1판 4쇄 발행 2020년 12월 7일

지은이 | 신현숙
펴낸이 | 박철준
펴낸곳 | 갈대상자
출판등록 | 2008년 7월 8일(제313-2008-110호)
주소 | 서울시 마포구 동교로 18길 33, 201(서교동, 그린홈)
전화 | 02)325-6743   팩스 | 02)324-6743
전자우편 | papyrusbasket@gmail.com

ISBN | 978-89-962150-8-0 03370

* 잘못된 책은 구입하신 곳에서 바꾸어 드립니다.